Birte Müller

Willis Welt

Der nicht mehr ganz normale Wahnsinn

Verlag Freies Geistesleben

Die Texte auf den Seiten 38ff., 58ff., 80ff., 92ff. sind in ähnlicher Form bereits im Magazin *Leben mit dem Down-Syndrom* erschienen.

2., überarbeitete Auflage 2015

ⓔ auch als eBook erhältlich

Verlag Freies Geistesleben
Landhausstraße 82, 70190 Stuttgart
www.geistesleben.com

ISBN 978-3-7725-2608-4

© 2014 Verlag Freies Geistesleben
& Urachhaus GmbH, Stuttgart
Umschlag: Birte Müller
Layout: Maria A. Kafitz
Satz: Bianca Bonfert
Druck und Bindung: DZA Druckerei zu Altenburg GmbH
Printed in Germany

Für Matthias

Willis Welt. Wie alles begann

Eines Tages fragte mich der Leiter des Verlags Freies Geistesleben, ob ich nicht für das Lebensmagazin *a tempo* einen Artikel schreiben möchte. Ich hatte gerade für den Verlag ein Buch illustriert, in dem die Hauptfigur Denni (so wie mein Sohn Willi) das Down-Syndrom hat. Ich wusste zwar nicht genau, was ein Lebensmagazin ist, aber weil ich gern über Willi schrieb und mir das Heft gefiel, sagte ich zu (und gut bezahlt wurde ich sogar auch noch dafür). Mein Auftrag war recht frei umrissen: Es sollte um unser Leben mit einem behinderten Kind und das neue Buch gehen. Herausgekommen ist *Sondermodell Willi*, ein Text, der sich einzig und allein mit der Existenzberechtigung meines Sohnes auseinandersetzt – das neue Kinderbuch allerdings blieb unerwähnt.[*] Das war die Geburtsstunde von *Willis Welt*, einer Kolumne, die ich die folgenden zwei Jahre für *a tempo* schrieb. In diesem Buch finden Sie alle Kolumnen in gnadenlos ungekürzter Form. Willi war in dieser Zeit zwischen vier und sechs Jahre alt. Ein paar in dieser Form bisher unveröffentlichte Texte sind noch dazugekommen, denn ich möchte Ihnen die absolut grenzwertige Zeit vor Willis viertem Lebensjahr nicht ganz unterschlagen. Viel Spaß im Irrenhaus!

---

[*] Deswegen möchte ich es wenigstens hier nennen: Der Titel lautet *Denni, Klara und das Haus Nr. 5* und die Autorin ist Brigitte Werner.

Gefangen in der Extremnormalität

Wenn ich anderen Müttern glauben darf, ist bei uns zu Hause alles ganz normal, eben so wie bei allen anderen Familien auch. Allerdings hätte ich meinen Mann und mich schon vor der Geburt unserer Kinder als nicht ganz normal bezeichnet, deswegen passt es wohl auch ganz gut, dass gerade wir ein Spezialkind bekommen haben.

Willi schafft es tatsächlich, sich noch bekloppter zu verhalten als wir selbst. Mein Mann und ich sind alberne Menschen, aber wir haben wenigstens meistens einen erkennbaren Grund dafür, wenn wir loslachen. Willi bringt seine Lachattacken ganz ohne ersichtlichen Anlass zustande – Respekt! Da mag man denken: Die arme kleine Schwester Olivia, die kurze Zeit später ebenfalls noch in diese Familie gekommen ist!

Tatsächlich denke ich das auch manchmal. Allerdings verhält auch sie sich so normal, wie Kleinkinder sich eben verhalten: nämlich eben gar nicht. So erklärt sie mir morgens, dass sie sich nicht die Schuhe anziehen kann, weil sie gerade endlich mal eine Pause macht, das sei ja wohl ihr gutes Recht. Und wenn ich ihr dann lang und breit erläutere, dass sie jetzt aber in den Kindergarten gehen soll, weil Mama arbeiten muss, um Geld zu verdienen für die ganzen Dinge, die wir immer kaufen müssen (wobei es sie nicht weiter zu interessieren scheint, dass wir sonst kein Essen hätten, aber sehr wohl beeindruckt, dass man dann auch keine

Geburtstagsgeschenke bekommen würde), und sie am Ende meines Monologes sagt: «Danke für das Gespräch, Mama!», dann weiß ich: Genau diese Tochter hatte uns noch gefehlt!

Und so wundere ich mich gar nicht erst, wenn ich den Klodeckel öffne und die Toilette bis oben hin mit Quietscheentchen gefüllt ist. Jedem meiner Hausgenossen traue ich zu, für die Enten im Klo verantwortlich zu sein. Ich frage nicht einmal, wer es war, sondern mache den Deckel schnell wieder zu und freue mich lediglich, dass anscheinend noch keiner draufgemacht hat.

Ich möchte gerne denken, dass wir eine ganz normale Familie sind, mit Höhen und Tiefen, nur dass unsere Tiefen mit Willi ein Albtraum sind und unsere Höhen vielleicht deswegen umso mehr herausragen. – Es ist wohl so, dass wir wirklich die gleichen Probleme haben wie alle anderen Familien (und Gummitiere im Klo sind ganz sicher ein kleineres). Aber warum darf man sich eigentlich nicht über Dinge beklagen, die die anderen auch haben? Und was ist das für ein komischer Wettbewerb unter den Müttern nach dem Motto «Wer hat es schwerer mit seinem Kind»? Weil ich kein Spielverderber sein will, mache ich da nicht mit, denn wir sind in vielen Bereichen einfach unschlagbar (oder kennen Sie ein Kind, das wie Willi acht eitrige Mittelohrentzündungen im Jahr schafft?). Denn selbst die vielen «Normalokinder», die wie mein Sohn Willi ganz normal zur Logopädie gehen, können im Gegensatz zu Willi wenigstens überhaupt etwas sprechen! Und natürlich haben auch «normale» Vierjährige Brillen, Hörgeräte, Paukenröhrchen, Windeln, Ergotherapie, Atemwegsinfekte und werfen den Teller an die Wand oder ziehen sich nicht selbst an und aus. Aber wir sind anscheinend in einer Art Hypernormalität gefangen! Wenn auf ein Kind all diese Dinge gleichzeitig zutreffen, dann nennt man das eben nicht mehr normal, sondern behindert. Warum etwas gleichreden, was nicht gleich ist? Ich persönlich kann den Blödsinn nicht mehr hören: Alle Kinder sind doch verschieden, das eine ist blond, das andere trägt eine Brille und noch ein anderes ist eben behindert (wobei das Wort natürlich nicht direkt ausgesprochen wird). Für mich ist das wie Äpfel mit Birnen vergleichen.

Von unserem Leben in der Extremnormalität möchte ich Ihnen in diesen Texten hier erzählen. Ich werde über unseren Alltag mit Willi und Olivia schreiben, über meinen tollen Ehemann rumnölen, mich über besondere Begegnungen freuen, mich immer wieder über blöde Kommentare auslassen, selbst politisch Unkorrektes schreiben und bekennen, dass ich manchmal völlig überfordert bin und der schönste Moment des Tages dann der ist, wenn beide Kinder schlafen.

Ich werde mich angreifbar machen, weil ich offen zugebe, nicht jede Therapie für meinen Sohn mitzumachen, und weil ich «trotzdem» arbeite und auf Lesereisen ins Ausland fahre. Ich mache mich bei den Eltern anderer behinderter Kinder unbeliebt, weil ich nicht glaube, dass nur die Gesellschaft mein Kind behindert, sondern dass er eben einfach auch behindert ist. Ich stelle meine Mitmenschen vor die Herausforderung, meinen Willi in all seiner Andersartigkeit zu nehmen und zu lieben, wie er ist. Ich nehme mir das Recht heraus, jeden noch so winzigen Fortschritt meines Sohnes wild zu feiern und daneben dem Wunder der normalen Entwicklung meiner Tochter zu huldigen. Und ich werde rumjammern über die Dinge, die den Alltag von allen Familien so schwer machen, aber über die man sonst nicht jammern darf, weil es ja jedem so geht!

Sondermodell Willi

Mir ist in letzter Zeit immer häufiger aufgefallen, dass Kinder als «Anschaffung» bezeichnet werden. Eigentlich ein komplett unpassender Ausdruck, der laut Definition einen entgeltlichen Vorgang bezeichnet, bei dem ein Wirtschaftsgut von einem Eigentümer auf einen anderen übergeht. All das trifft zum Glück bei einem Kind nicht zu!

Mein Mann und ich haben unser erstes Kind vor gut vier Jahren «angeschafft». Die Anschaffung unseres Sohnes Willi war vollkommen kostenfrei, wir hatten ihn zwar nicht bestellt, uns über die pünktliche Lieferung zum Stichtag aber gefreut und waren dann einigermaßen überrascht, dass er ein «Sondermodell» war. Eine Bedienungsanleitung lag nicht bei.

Willi hat ein winzig kleines Chromosom mehr in jeder seiner Zellen als die meisten anderen Menschen. Er hat das Down-Syndrom und das West-Syndrom, eine schwere Form der Epilepsie. Seine Augen sind leicht schräg gestellt, sein Mund steht meistens offen und seine Zunge ist zu sehen. Unser Willi kann kein Wort sprechen, er kann sich weder selbst an- noch ausziehen, nicht aufs Klo gehen, nicht richtig mit einem Löffel essen, er kann niemals ruhig sitzen oder stehen und er kann sich selten länger als ein paar Sekunden auf etwas konzentrieren.

So würde ein Außenstehender vielleicht meinen Sohn beschreiben. Wir Mütter behinderter Kinder nennen diese

Sichtweise «defizitorientiert», da sie hauptsächlich benennt, was unsere Kinder *nicht* können.

Jetzt das Ganze mal aus anderer Sicht: Willi ist ein gesunder, fröhlicher Junge mit wunderschönen Mandelaugen! Er kann ihm bekannte Menschen erkennen, er kann eine ganze Reihe Gegenstände (besonders Essbares) auf Bildern zeigen und mit Gebärden benennen. Willi kann unsere Hand nehmen und uns zum CD-Spieler führen, wenn er Musik hören möchte. Willi kann selbstständig die Mütze absetzen und (leider) den Reißverschluss seines Schneeanzuges öffnen. Willi kann laufen (und macht das auch den ganzen Tag) und Willi hält einen konsequenten Sitzstreik durch, wenn er in die Richtung laufen soll, die ein anderer bestimmt.

Für mich ist das alles normal, auch wenn ich weiß, dass irgendwie nichts von alldem wirklich normal ist. In der Öffentlichkeit fallen wir oft auf. Wir sind lauter, wir sind irgendwie «doller» als die anderen – in jeglicher Beziehung. Als Willi knapp zwei Jahre alt war, da haben wir uns noch ein Kind «angeschafft». Willis kleine Schwester Olivia. Sie führt uns täglich das Wunder der normalen Entwicklung vor Augen. Auch sie fordert uns als Eltern heraus, aber trotzdem ist die Art der Anstrengung nicht miteinander vergleichbar.

Ich versuche damit aufzuhören, Außenstehenden die emotionale Belastung zu erklären, unter der wir leiden. Zu oft werde ich einfach nicht verstanden oder meine Äußerungen werden als ein Beklagen über unser Leben missgedeutet. Der Satz «... das hast du aber mit einem normalen Kind auch» macht mich manchmal richtig wütend. Und trotzdem habe ich immer wieder den Wunsch, man möge uns verstehen. Das Leben mit Willi ist (und bleibt es auch) in jeder Beziehung deutlich mühevoller – und oft sind wir überfordert. Aber unser Leben ist durch Willi auch viel intensiver. Jeden Tag fühle ich, dass wir *wirklich* leben. Wir haben so unvorstellbares Leid erfahren durch Willis Krankheiten und so unendliches Glück durch ein einziges Lachen von ihm! Wir leben seither in jeder Hinsicht extremer.

Demnach müsste mein Sohn also voll im Trend liegen. Viele Menschen sind doch heute auf der Suche nach dem Kitzel des Extremen, nach großen Gefühlen und mehr Individualität. Diesen Menschen kann ich ein Kind mit Down-Syndrom nur ans Herz legen! Komisch eigentlich, dass die Abtreibungszahlen von Kindern mit Down-Syndrom trotzdem ständig zunehmen. In Deutschland liegen sie bei über 90 Prozent.

Mir scheint, als würden immer mehr Menschen versuchen, ihr Leben so unverbindlich wie möglich zu planen. Kinder sind wohl so ziemlich die einzige «Anschaffung», bei der man sich wirklich festlegen muss. Ein Kind lässt sich nicht so einfach wieder abschaffen, auch wenn der eine oder andere Elternteil durch das Verlassen der Familie eben genau das zu tun versucht. Willi, Olivia und ich haben das Glück, dass wir nicht wieder abgeschafft wurden. Nach den schwierigen Anfangsjahren haben wir nun unsere Normalität neben der Norm allmählich gefunden.

Ich hadere nicht mit unserem Schicksal. Ich denke, Willi ist genau das Kind, das zu uns passt. Und doch taucht in den Gesprächen mit meinem Mann immer wieder die Frage auf, wie unser Leben wohl verlaufen wäre, wenn wir uns damals doch für pränatale Diagnostik und dann für eine Spätabtreibung unseres Kindes entschieden hätten. Vor meinen

Augen scheine ich es deutlich zu sehen: Wir wären keine glücklichere Familie! Wahrscheinlich wären wir heute gar keine Familie. Hätte ich mir dieses Kind aus dem Leib reißen lassen, hätte ich einen Teil meines Herzens mit verloren. Ich kann mir kaum vorstellen, dass diese Wunde jemals verheilt wäre. Vielleicht hätte ich die Gegenwart meines Mannes, den ich so liebe, nicht mehr ertragen, weil sie mich immer wieder an diese Verletzung erinnert hätte.

Und wie hätte ich damit umgehen sollen, wenn ich im Park einem kleinen Willi begegnet wäre, der laut schreiend vor Glück hinter ein paar Tauben herjagt? Es wäre der Beweis gewesen, dass das Leben nicht zu Ende ist, wenn man ein behindertes Kind bekommt, sondern eben noch einmal neu beginnt. Und doch muss es sie geben, die Mütter, die mit diesen und noch schlimmeren Verletzungen weiterexistieren. Auch mein Leben wäre irgendwie weitergegangen. Ohne Willi wäre es sicher einfacher, aber das würden wir nicht merken. Wir wären nicht glücklicher, im Gegenteil, wir wären so viel ärmer an Liebe. Egal, was Willi die Krankenkasse kosten mag, er bereichert unsere Gesellschaft wie jedes Kind um ein Vielfaches. Wir können an ihm lernen, ein besserer Mensch zu sein. Kann es etwas Großartigeres geben?

Die Unmenschlichkeit unserer Gesellschaft liegt darin, dass wir tatsächlich Methoden entwickelt haben, um nicht normgerechtes Leben zu verifizieren und zu selektieren. Der Mutter wird dann die Entscheidung über Leben und Tod «frei» überlassen.

Eine Mutter, die die Diagnose einer Behinderung ihres Kindes erhält, steht unter Schock. Niemand verbietet ihr, dieses Kind auszutragen, aber es ist auch niemand da, der ihr sagt: «Egal, wie dein Kind ist, es wird auf dieser

Welt willkommen sein!» Ganz im Gegenteil. Aus der Möglichkeit der pränatalen Diagnostik hat sich ein Automatismus entwickelt: Weil es möglich ist, wird es gemacht. Neun von zehn Menschen, die erfahren, dass mein Sohn das Down-Syndrom hat, reagieren mit der Frage: «Habt ihr das denn nicht getestet?» Den deutschen Gesetzgebern ist dabei kein Vorwurf zu machen. Sie haben es sich wahrlich nicht einfach gemacht bei der Festlegung der Bedingungen, unter denen eine Spätabtreibung stattfinden darf. Das Recht auf Leben des ungeborenen Kindes ist abzuwägen mit dem Recht auf das (seelisch und körperlich unversehrte) Leben der Mutter. Tatsächlich weiß in Deutschland heute kaum einer, dass es verboten ist, ein Kind aufgrund seiner Behinderung abzutreiben! Lediglich die Unzumutbarkeit für die Mutter ist die Indikation für einen Schwangerschaftsabbruch nach der zwölften Woche.

Ich möchte nicht in die Abgründe der seelischen Verletzungen der Mütter blicken, die diese Entscheidung getroffen und die grausame Prozedur einer Spätabtreibung erlebt haben.

Und dann kommen Menschen auf der Straße daher, schauen mein Kind an und fragen mich allen Ernstes: «Warum habt ihr das denn nicht testen lassen?» Das ist doch ein Mensch und dazu noch mein Kind. Und kein Test der Welt hätte seine Behinderung verhindern können. Von den hehren moralischen Zielen der Politiker, welche die Spätabtreibung erlaubt haben, ist bei den Bürgern offensichtlich nicht viel angekommen.

Viele Frauen gehen in der Schwangerschaft zu diesen «Tests», ohne über die möglichen Ergebnisse und vor allem die daraus zu ziehenden Konsequenzen in irgendeiner

Weise informiert worden zu sein. Der Feindiagnostik-Ultraschall in der Schwangerschaftsvorsorge ist zu einer Art «3D-Babywatching-Event» geworden. Aber für einen Gendefekt gibt es keine Möglichkeit der «Vorsorge», das Baby kann höchstens «entsorgt» werden!

Es ist genau diese «Warum-habt-ihr-das-denn-nicht-getestet-Einstellung», welche den Müttern (und auch Vätern) eine Art Eigenverantwortung, ja sogar Schuld an der Behinderung ihres Kindes aufbürdet. Das hart erkämpfte Recht auf eine Abtreibung wird plötzlich zu einer sozialen «Pflicht» zur Abtreibung.

Wer hat die Schuld an der Behinderung meines Sohnes? Niemand! Schuld ist doch immer etwas Negatives. Schuld entsteht, wenn jemand absichtlich gegen ethische oder gesetzliche Wertvorstellungen verstößt. Aber an der Existenz meines Sohnes ist nichts Schlechtes, es ist eine Spielart des Lebens, wie es sie immer gegeben hat – und hoffentlich immer geben wird. Soll dieser Mensch etwa nicht existieren, weil er uns mehr Arbeit macht und mehr Hilfe benötigt? Weil er wahrscheinlich kein Abitur machen kann? Oder weil er im Café anderen Menschen auf die Nerven geht, weil er zu laut ist? Das alles ist doch lächerlich im Vergleich dazu, dass Willi leben darf! Es ist wahr, dass ich weniger Zeit zum Vertreiben habe als andere Mütter. Aber immerhin muss ich keine Zeit verlieren auf der Suche nach dem Sinn des Lebens. Der war bei Willi im Lieferumfang enthalten.

Finanziell hat sich übrigens die Anschaffung beider Kinder aufgrund der hohen Nebenkosten nicht gelohnt, aber wir haben eine sehr positive Lach- und Liebesbilanz. Diese Kinder sind für mich (auch wenn es pathetisch klingt), jedes auf seine Weise, ein Geschenk. Und schon in der

Schwangerschaft habe ich es (diesmal ganz unpathetisch) mit dem Volksmund gehalten, der besagt: «Einem geschenkten Gaul schaut man nicht ins Maul!»

Ja, manchmal bin ich auch traurig, dass Willi nicht die Möglichkeiten hat wie normale Kinder – und mir blutet das Herz, wenn ich sehe, dass man ihn ablehnt, ignoriert oder auslacht. Aber da muss sich doch nicht mein Sohn ändern, sondern eben die anderen!

Ich kann mit Überzeugung sagen, dass es richtig war, diese Sonderbabylieferung, die da vor vier Jahren zu uns kam, einfach anzunehmen und nicht zu viel zu fragen. Oft haben wir seitdem gewitzelt, dass wir ihn nach dem «Fernabnahmegesetz» innerhalb der ersten zwei Wochen bestimmt zurückgegeben hätten, wenn wir ihn nur irgendwie wieder zurück in die Originalverpackung bekommen hätten ... Heute könnte uns nichts mehr trennen!

Um uns zu verstehen: Diagnose-Check

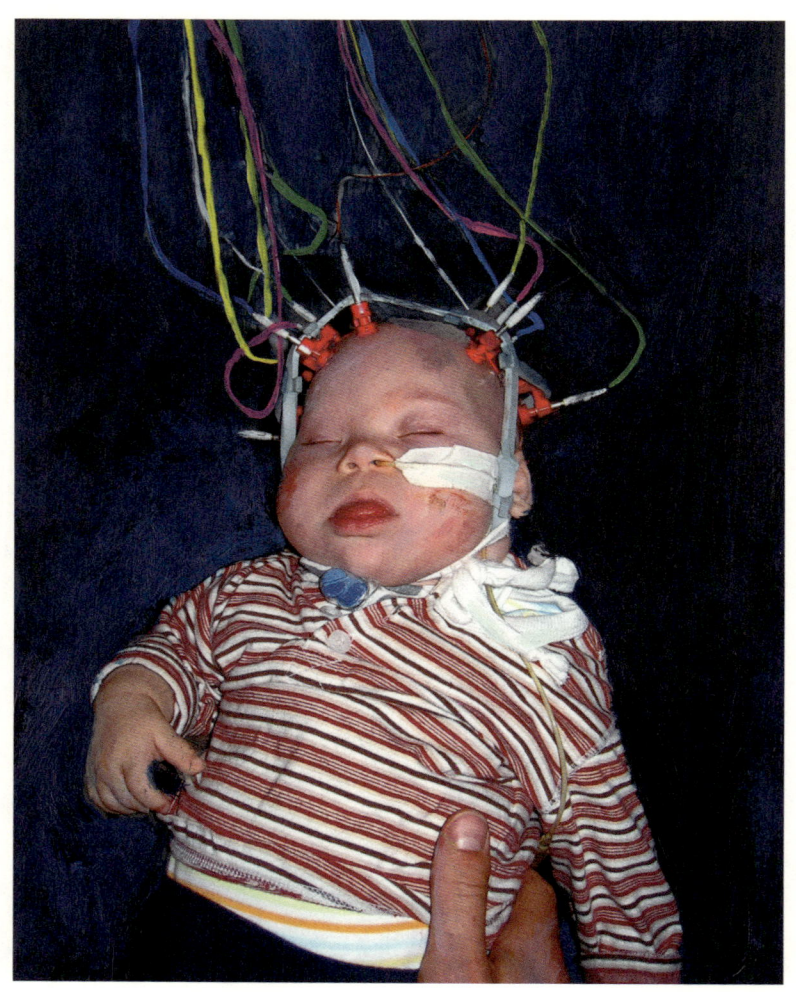

Wenn sich Menschen begegnen, deren Kind behindert ist, interessieren sie sich automatisch für die Diagnosen der anderen. Diagnosen bieten immer eine gute Gesprächsgrundlage. Bei Eltern mit ähnlichen Erfahrungen ergeben sich in Sekundenschnelle Unterhaltungen über medizinische Fachthemen oder emotionale Grenzsituationen, bei denen so mancher Arzt noch richtig etwas lernen könnte.[*] Zugegeben, es kann auch ganz schön anstrengend sein, wenn Behinderteneltern aufeinandertreffen und es dann kein anderes Thema gibt als blöde Ärzte, Krankheiten, Therapien, Operationen und Medikamente.

Wenn eine Mutter von sich aus nicht die Diagnose ihres Kindes nennt, gehört es sich in Insiderkreisen übrigens nicht, die naheliegende Frage zu stellen: «Was hat denn deiner?» Man erzählt entweder von sich aus oder gar nicht. Aber ab drei Wochen gemeinsamen Stationsaufenthaltes kennt man eigentlich von allen die Krankengeschichte ...

Natürlich kann man auf irgendeiner Party nicht so leicht Gesprächspartner auf diesem Gebiet finden (angenommen, man würde auf eine Party gehen). Die Mütter behinderter Kinder treffen sich deswegen im einschlä-

---

[*] Besonders übrigens beim Thema Diagnosevermittlung. Hier ein kurzes Beispiel. Arzt nach der Geburt eines Babys mit Down-Syndrom: «Ihr Kind hat Trisomie 21.» Eltern völlig verwirrt: «Was heißt das?» Arzt: «Das heißt, dass ihr Kind mongoloid ist und sich niemals die Schnürsenkel binden lernt.»

gigen Internetforum «Rehakids», um mal in Ruhe über Antikonvulsiva[*] oder Stomapflege zu plaudern wie andere Mütter über Kochrezepte oder Strickmuster. Wer möchte, dass alle Mitlesenden gleich einen Diagnose-Check machen können, hat die Möglichkeit, eine Signatur in der maximalen Länge von 350 Zeichen an jeden seiner Einträge anzuhängen. Natürlich kann man auch, statt des Krankheitsverlaufs des Kindes, mehr oder weniger heilige Sinnsprüche anhängen in der Art wie: «Ein Tag ohne dein Lachen ist ein verlorener Tag.» In 350 Zeichen kann man eine ganze Menge ätzender Krankheitsbilder unterbringen, deren Bezeichnung meist nur ebenfalls Betroffenen überhaupt etwas sagt. (Oder wissen Sie, was «Lumbale Spina bifida mit HC [v-p-Ableitung]», «Arnold-Chiari-Malformation Typ 2» und «Christianson-Syndrom SLC9A6» bedeuten? Ich zum Glück nicht).

Einige Kinder haben so lange Listen mit Problemen und Baustellen, dass die Eltern das Ganze auch noch abkürzen müssen, um wenigstens die grundlegenden gesundheitlichen Fakten zu umreißen und zusätzlich noch einen kleinen positiven Satz zu ihrem Kind schreiben zu können, der unabhängig vom Krankheitsbild steht, etwa wie «Liebling der Familie». Auch die Geschwister werden meist kurz mit Vornamen und Geburtsdatum genannt. Und bei ziemlich vielen liest man, dass die Familien bereits ein oder sogar mehrere Kinder in der Schwangerschaft oder im Kindesalter verloren haben. Man kann durch diese Signatur dem oft starken Bedürfnis nachkommen, was der normale Kontakt mit Menschen auf der Straße nicht bietet – nämlich so eine Art

---

[*] Arzneimittel zur Behandlung von epileptischen Anfällen.

Schild vor sich her zu tragen, auf dem etwas steht wie: «Bei mir geht es gerade nur um eines, um mein schwer mehrfach behindertes, krankes Kind, über dessen Zukunft mir niemand etwas sagen kann!»

Es gab eine Zeit, da habe ich relativ viel in diesem Forum gelesen und geschrieben. Unter meinen Einträgen steht noch immer:

Birte *73, mit Willi *24.3.07: Down-Syndrom, zuerst beidseitige Stimmbandparese mit Tracheostoma, BNS-Epilepsie (z.Z. anfallsfrei!!), hyperaktiv, ein Held! Olivia *26.1.09 Normalsyndrom ;-)

Diese Worte umreißen jedoch nicht annähernd das Drama, das sich in den ersten beiden Jahren nach Willis Geburt abgespielt hat. Ich könnte ein ganzes Buch damit füllen, nur diese Zeit und unser Leid zu beschreiben, aber ich will versuchen, es kurz zu machen. All das liegt jetzt hinter uns, aber trotzdem muss man wohl etwas darüber wissen, um uns als Familie verstehen zu können.

Also hier ein kurzer Diagnose-Check: Willis Down-Syndrom stand nur in der ersten Woche seines Lebens im Zentrum unserer Sorgen um dieses kleine Wesen, das wir zum Glück von Anfang an lieben konnten. Willi wurde ein paar Tage nach seiner Geburt sehr krank, ein schwerer Infekt löste den anderen ab. Obwohl wir im Prinzip viel bedrohlichere Probleme hatten, konzentrierte sich mein Mutterleid am Anfang ganz auf Willis Fütterstörung. Ihn nicht annähernd voll stillen zu können und ihn über eine Magensonde zu ernähren, trieb mich buchstäblich von morgens bis abends um. Das Schlimmste war immer, wenn wir unser Baby nicht bei uns haben konnten, und die Gewalt, die ihm ständig angetan werden musste, um ihn medizinisch zu versorgen.

Der Höhepunkt unseres unbeschreiblichen Schmerzes war, als Willi im Alter von zwei Monaten aufgrund einer Stimmbandlähmung einen Luftröhrenschnitt bekommen musste. Das war auch der Moment, in dem ich endgültig in meine erste schwere Depression abrutschte. Man schnitt meinem Baby den Hals auf, es konnte nur noch durch eine in die Luftröhre eingeführte Trachealkanüle atmen. Willi war vollkommen stumm, sein Weinen war nur noch ein Röcheln von Schleim, der sich in der Kanüle auf und ab bewegte. Der Schleim musste ständig mit einem Absauggerät durch einen Katheter entfernt werden. Willi wurde 24 Stunden lang am Monitor überwacht, hatte rund um die Uhr Sauerstoffbedarf, durfte wegen der hohen Erstickungsgefahr niemals ohne geschultes medizinisches Personal sein. Ich dachte, die Welt könne sich unmöglich weiterdrehen. Ich hatte das Wort «Tracheostoma» noch nie gehört, hatte so etwas noch nie gesehen und wir hatten keine Ahnung, ob Willi jemals normal würde atmen oder wieder eine Stimme würde haben können. Wenn ich einmal in der Woche für eine halbe Stunde die Klinik verließ (verordnet von einer Psychologin), dann sah ich alle anderen Menschen auf der Straße umhergehen, als sei gar nichts geschehen: Sie lachten, sie fuhren zur Arbeit, sie saßen im Café! Diese Welt hatte nichts mehr mit mir zu tun. Ich selbst hatte nichts mehr mit mir zu tun. Ich fühlte mich nur noch wie die leere Hülle. Manchmal hatte ich den Gedanken, einfach nicht ins Krankenhaus zurückzukehren – ich wollte in einen Zug steigen und an einen Ort fahren, an dem mich niemand kannte –, alles hinter mir lassen, mich nie wieder umdrehen ... Stattdessen zog es mich immer zurück ins Krankenhaus, noch vor Ablauf meiner halben Stunde Ausgang.

Ich hatte das Gefühl, mein Baby sei ein Monster geworden. Es war, als würde ich jeden Morgen in einen furchtbaren Albtraum hinein aufwachen.

Zum Glück war ich nie allein, Matthias war immer da, meine Eltern und Geschwister waren da, meine guten Freunde waren da. Und Willi war da! Er allein war mein einziger Trost, seine Existenz und unsere Liebe zu ihm waren unser unendliches Glück. Gleichzeitig blitzte immer wieder der Wunsch in mir auf, dieses Kind möge bitte einfach nicht mehr da sein, und ich hasste mich dafür, so etwas zu denken. Am Tag nach Willis Luftröhrenschnitt, als ich zurückwich vor meinem eigenen Kind und nicht in der Lage war, es zu berühren, da traute sich mein Mann, ihn mit all seinen Schläuchen und Kabeln auf den Arm zu nehmen, und da blickte Willi uns zum ersten Mal in seinem Leben bewusst an und lächelte! Nur daraus konnte ich Kraft schöpfen, um es weiter auszuhalten, jeden Morgen aufzustehen und wieder einen Tag, eine Woche, einen Monat lang ein- und auszuatmen ...

Als wir endlich mit einem glücklichen, sich stetig weiterentwickelnden kleinen Willibaby das Krankenhaus wenigstens wochenweise verlassen konnten und zu etwas Normalität gefunden hatten (wenn man das normal nennen kann, seinem Kind ständig Schleim aus der Lunge zu saugen, mit Sauerstoffflaschen durch die Stadt zu rennen, nachts einen Pflegedienst im Haus zu haben, alle drei Stunden zu inhalieren, zu stillen, zu sondieren und Milch abzupumpen und selbst Psychopharmaka zu schlucken), da bekam Willi die BNS-Anfälle.

Das West-Syndrom ist eine schwer zu therapierende Säuglingsepilepsie. Was nach außen nur wie ein kleines Zucken aussah, ließ unseren Willi in nur wenigen Tagen von einem fröhlichen Baby zu einem Zombie mutieren. Willi konnte nicht mehr greifen, nicht mehr spielen, sich nicht mehr drehen – und das Furchtbarste: Er schaute nur noch durch uns hindurch und verlor sein Lächeln.

Damals gab es in meinem Leben nur noch Angst. Nichts konnte ich tun, an keinen Ort konnte ich gehen, mit niemandem reden, ohne dabei auch nur eine Sekunde die Angst zu vergessen, was wäre, wenn wir die Anfälle nicht unterbrechen könnten. Willi hätte nicht lernen können zu laufen, zu kommunizieren, vielleicht niemals wieder lachen können. Warum hatten wir über eine so läppische geistige Behinderung wie das Down-Syndrom geweint? Was war eine Körperbehinderung wie der Luftröhrenschnitt im Vergleich zu dieser Angst?

Viele Monate hat es gedauert, bis wir das richtige Medikament gefunden hatten, das unseren Willi langsam zurückholte in diese Welt. Auch der Grund für sein schwallartiges Erbrechen, die Nahrungsverweigerung und die schweren Verstopfungen wurde irgendwann gefunden (eine Verengung hinter dem Magenausgang) und durch eine große Darmoperation behoben. Dann bewegten sich plötzlich seine Stimmbänder wieder und wir konnten letztendlich sein Tracheostoma verschließen. Auch diese Zeit war durch ein ewiges Auf und Ab mit furchtbaren Rückschlägen und lebensbedrohlichen Situationen verbunden. Mein Mann ist ein anderer Mensch, seit sein Sohn auf seinem Arm aufhörte zu atmen und fast erstickt wäre, als man das erste Mal versuchte, Willis Luftröhrenschnitt zu verschließen.

Wenn ich jetzt noch dazuschreibe, dass ich wahrscheinlich genau in dem Moment, als die schwerste Last von Willis gesundheitlichen Problemen von uns genommen war, plötzlich mit Olivia schwanger wurde, dann habe ich insgesamt ziemlich genau sechstausend Zeichen gebraucht, also siebzehnmal mehr, als in die Signatur bei «Rehakids» passt ... Außerdem darf nicht unerwähnt bleiben, dass mit dem Ende von Willis massiven Gesundheitsproblemen und der Geburt des zweiten Kindes nicht etwa die lang ersehnte Ruhe in unser Leben einkehrte. Seit wir die epileptischen Anfälle in den Griff bekommen hatten, lernte Willi schnell, sich hochzuziehen, Dinge herunterzuziehen und zu laufen (beziehungsweise wegzulaufen). Willi hatte sich nicht etwa, wie viele sagten, in einen kleinen Wirbelwind verwandelt, sondern er war ein Orkan geworden, ein Tsunami, der alles mit sich riss, was nicht niet- und nagelfest war. Er war so außer Rand und Band, dass ich nach der Geburt von Olivia gleich meine zweite Überlastungsdepression bekam: Ich war nicht in der Lage, mich gleichzeitig um beide Kinder zu kümmern. Heute denke ich, dass ich vielleicht in jedem Fall nach der Geburt meiner Kinder eine postpartale Depression bekommen hätte, wer weiß das schon? Wahrscheinlich hatte ich sogar noch Glück, denn es wunderte niemanden in meiner Situation, dass ich zusammenbrach. Ich hätte sicherlich weniger Verständnis von meinem Umfeld dafür bekommen, erst mal mit meinem zweiten (kerngesunden) Baby sechs Wochen in einer Psychiatrie zu verschwinden, wenn bei uns von außen betrachtet alles ganz paletti gewirkt hätte.

Herzlichen Glückwunsch:
Ihr Kind hat Down-Syndrom!

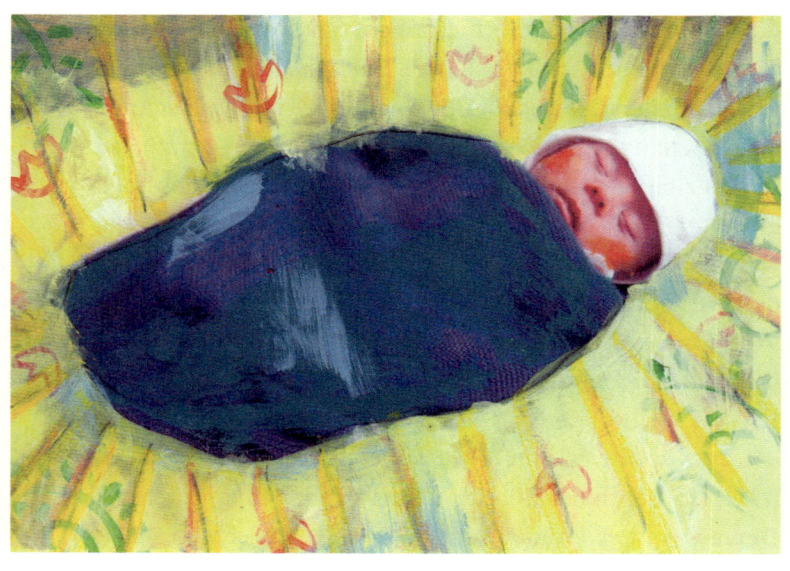

Als Willi geboren wurde, gratulierte meinem Mann und mir keiner im Kreissaal zu unserem Kind. Es war ein furchtbarer Moment, als am Ende einer schweren Geburt auf den Gesichtern der Hebammen und der Ärzte nur Entsetzen und Erschrecken zu erkennen waren. Eine Hebamme fragte mich ängstlich, ob ich mein Kind sehen möchte, und ich dachte nur, dass hier alle vollkommen verrückt sein mussten: *Natürlich* wollte ich mein Kind sehen. Und als ich es sah, da begriff ich: Mein Kind war ein behindertes Kind und deshalb freute sich niemand. Da lag auf meiner Brust, in ein hellblaues Handtuch gehüllt, ein Neugeborenes, es hatte seine schräg gestellten Augen geöffnet und blickte mir so tief ins Herz, dass es schmerzte vor Glück und Angst. Mir war sofort klar, dass mein Kind das Down-Syndrom hat.

Doch es waren die Reaktionen meiner Mitmenschen, die mich nach der Geburt unseres Kindes mehr geschockt haben als die Diagnose selbst. Natürlich mussten mein Mann und ich am Anfang weinen, sehr viel weinen. Ich wunderte mich damals darüber, weil ich doch so selig war, meinen kleinen Willi in den Armen zu halten. Heute weiß ich, dass es die Trauer um das «normale» Kind war, das wir nicht bekommen hatten und welches wir verabschieden mussten.

Noch heute, bald fünf Jahre nach Willis Geburt, beschäftige ich mich oft mit den Reaktionen anderer Menschen auf die Behinderung meines Kindes.

Was ich mittlerweile nicht mehr hören kann, ist der Spruch: «Aber so ein Kind ist ja ein richtiger Sonnenschein.» Es klingt, als könne man ein Kind mit Down-Syndrom einfach in die Ecke stellen und es wäre trotzdem immer glücklich. Ist es aber nicht! Auch stört mich, dass am Anfang dieses Satzes ein «Aber» steht. Was wollen mir die Leute damit sagen? Wollen sie mich trösten? Doch ich brauche keinen Trost, wirklich nicht. Erst das Gefühl, dass die Leute denken, sie müssten mich trösten, macht mich traurig. Ich würde mein Kind nicht tauschen, gegen keines der Welt. (Übrigens würden die Leute, die diese Phrase von sich geben, ihr Kind auch nicht gegen meines tauschen, obwohl meines doch angeblich so ein Sonnenschein ist.) Und *natürlich* ist Willi mein Sonnenschein, aber meine kleine Tochter Olivia *ohne* Down-Syndrom ist das genauso! Würden nicht alle Eltern sagen, dass ihr Kind ihr Sonnenschein ist?

An schlechten Tagen (wenn der Sonnenschein z.B. morgens mit seiner vollgekackten Windel im Bett gespielt hat) hätte ich Lust, auf den Spruch mal zu antworten: «Ja, die Sonne scheint ihm aus dem Arsch.» Aber warum unhöflich werden, es ist ja nett gemeint. Ich nicke also und entgegne brav: «Ja, ein echter Sonnenschein!»

Es ist ja auch etwas dran an der Sonnenscheinlegende. Willi lacht wirklich viel und so herzlich und unvermittelt. Wenn wir ihn nachts trösten, weil er im Schlaf geweint hat, endet das nicht selten in einem Lachanfall aller Beteiligten. Sein Weinen kann direkt in Kichern umschlagen. Sein Lachen ist unglaublich ansteckend und immer ehrlich. Wenn Willi gut drauf ist und immer wieder am ganzen Körper wackelt vor lauter Glucksen, nur weil er ein paar Seifenblasen beobachtet oder einen großen Schokoladenkeks in der Hand hält, dann sind das die schönsten Momente meines Lebens! Es ist, als würde sein Herz näher an der Oberfläche liegen. Das Glück strömt direkt heraus. Doch ist es mit seiner Traurigkeit genauso. Willi kann auch nicht auf Befehl lachen, etwa für ein Foto, wogegen Olivia mir neulich erzählte, nachdem ich ein paar Bilder von ihr gemacht hatte, ihr tue das Gesicht weh vom «Niedlich-Gucken» ...

Tatsächlich ist es wohl schwierig, der Mutter eines behinderten Kindes gegenüber die richtigen Worte zu finden. Bei Willis Geburt hätte ich mir zum Beispiel zwei Dinge gewünscht: dass man mir zu meinem Baby gratuliert und dass man von vornherein offen mit uns gesprochen hätte. Und was dabei rausgekommen wäre, hätte dann in etwa so geklungen: «Herzlichen Glückwunsch, Ihr Kind hat Down-Syndrom!» Geht ja auch nicht ...

Down-Syndrom? Ach du Scheiße!

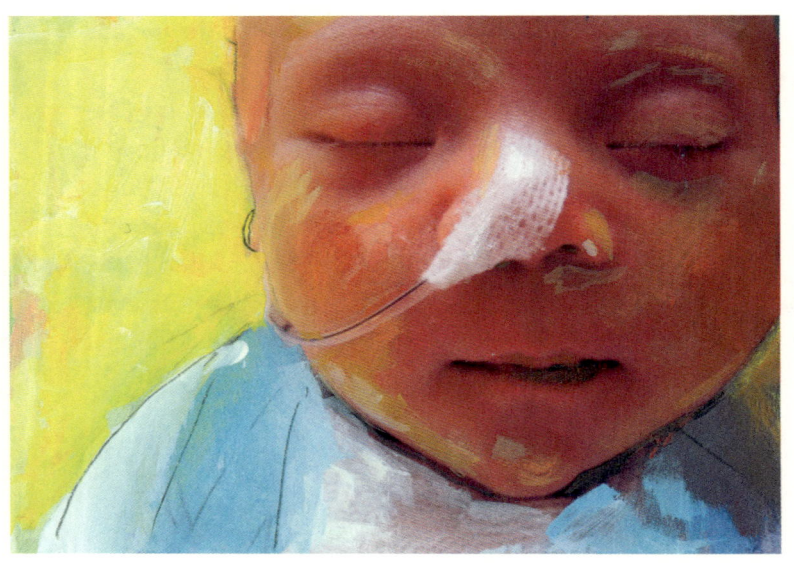

Neben dem Sonnenschein-Spruch ist folgender Kommentar zu Willi in seinen ersten Jahren sehr beliebt gewesen: «Aber das sieht man bei deinem Sohn gar nicht, dass er das Down-Syndrom hat», gerne in einem betont aufmunternden Tonfall gesagt. Das ist sicher nett gemeint und soll mich freuen. Aber mal ganz ehrlich: Mir ist es wirklich egal, ob man meinem Kind seine Behinderung ansieht oder nicht, er hat das Down-Syndrom, dann darf man es auch sehen. Ich will gar nicht so tun, als wäre er ein anderer, als er ist. Ich mag gar nicht daran denken, wie viel man ständig erklären müsste bei einem Kind, das geistig so schwer behindert ist, aber vollkommen normal aussieht!

Zugegeben, am Tag nach Willis Geburt habe ich mit meinem Mann dagesessen und geweint, weil wir Angst hatten, unser Kind würde später gar nicht niedlich sein, sondern immer beknackt aussehen. Wir blätterten begierig die Informationsmaterialien durch, die sich schnell in unserem Krankenhauszimmer stapelten, und konnten uns nicht satt sehen an den Bildern der süßen Babys und Kinder mit Down-Syndrom. Tatsächlich ist Willi das hübscheste und süßeste Kind der Welt (nur unsere Tochter Olivia kann da mithalten)! Ich vermag es nicht, Ihnen zu beschreiben, wie schön seine Augen sind, wie sie leuchten, wenn er sich freut!

Die enge Familie und Freunde behaupten *auch* öfter mal, man würde Willi seine Behinderung nicht ansehen, aber die sind dann einfach betriebsblind geworden. Neulich war ich mit einer guten Freundin und den Kindern unterwegs, als sie wieder anfing mit den Worten: «Aber mal echt, Birte, sag mir, woran man bei Willi jetzt gerade sieht, dass er das Down-Syndrom hat?» Die Antwort fiel mir nicht schwer, da Willi mit weit offenem Mund dasaß und ihm die Zunge etwa bis zum Kinn heraushing. Ihr war das gar nicht mehr aufgefallen. Auch für mich ist mein Sohn einfach normal so, wie er ist! Und er sieht aus, wie er aussieht, eben ganz perfekt! Manchmal schauen mein Mann und ich den Willi an und wundern uns, warum er grad so anders aussieht, bis einem von uns auffällt, dass sein Mund gerade mal geschlossen ist ...

Es fällt mir selten auf, dass Willi «behindert» aussieht, auch wenn ich weiß, dass es so ist. Ich lese es weniger in Willis Aussehen als in den Gesichtern der Menschen, die ihn anschauen. Aber niemand muss sich genötigt fühlen, mir meinen Sohn schönzureden, weil er schön ist!

Ich mag die Kommentare der Kinder, die sind immer ehrlich.

Ein entfernter Cousin Willis fragte mich einmal: «Warum sieht Willi eigentlich aus wie ein Chinese?» Auch wenn ich das selbst nicht finde, verletzt mich so ein Spruch überhaupt nicht, ich fand es sogar lustig. Das war wenigstens mal eine direkte Frage, obwohl ich gestehen muss, dass ich dem Jungen empört antwortete: «Quatsch, Willi sieht gar nicht aus wie ein Chinese, sondern wie ein Mongole!» (Und warum er anders aussieht, habe ich danach natürlich auch noch erklärt.)

Die schönste Reaktion aus unserem Freundeskreis auf Willis Behinderung kam von einem Kollegen meines Mannes. Er beglückwünschte uns zu unserem Kind, war aber (so wie wir ja auch) irgendwie schockiert über die Botschaft, dass das Kind nicht ganz so war, wie man es sich eben vorstellt, nämlich normal. Er sagte: «Na ja, wenigstens ist euer Sohn darin immer der Erste, der auf dem Stadtteilfest anfängt zu tanzen.»

Er hat damit übrigens recht behalten!

Ich will hier aber auch noch meine absolute Lieblingsbemerkung (weil wirklich ehrliche Reaktion) eines erwachsenen Menschen auf die Behinderung meines Sohnes verraten. Willi war damals ein knappes Jahr alt und wurde noch durch eine Nasensonde ernährt, die deutlich sichtbar mit einem Pflaster auf seiner Wange befestigt war. Ich besuchte ein Café, in dem als Servicekräfte nur geistig behinderte Menschen arbeiten. Der Kellner nahm umständlichst unsere Bestellung auf und fragte dann, etwas vernuschelt, was mein Kind denn habe und ob das wieder weggehen würde. Ich erwiderte, er habe das Down-Syndrom und dass das wohl eher nicht wieder weggehen wird. Darauf antwortete der junge Mann so richtig schön von Herzen: «Down-Syndrom? Ach du Scheiße!»

Ich habe selten so gelacht! Es war so befreiend, dass endlich mal einer das ausgesprochen hat, was wohl viele Menschen im ersten Moment denken. Allein für diese Ehrlichkeit wünsche ich mir, dass Willi eines Tages sprechen lernt!

Um sich alles besser vorstellen
zu können: Ein ganz normaler Tag
aus unserem Leben (Winter)

Olivia ist gerade ein Jahr alt geworden, Willi ist knapp drei.

Der Morgen
Manchmal frage ich mich, warum ich eigentlich jeden Abend ins Bett falle, wie an dem Tag, an dem ich vor vier Jahren in Hamburg den Marathon gelaufen bin. Dabei liegt die Antwort nahe: Ein Tag mit meinen Kindern ist in etwa genauso anstrengend!

Um 5 Uhr steht mein Mann auf und macht sich auf den Weg zur Arbeit (zum Glück muss ich ihm keine Stullen schmieren.) Um 6 Uhr (gefühlte Zeit 4 Uhr) erwacht meine Olivia, ich stille sie und lege sie in die Hängematte, wo ich sie unter ständigem Wippen noch zum Schlafen bis um 7 Uhr bewegen kann. Meine Tochter darf zu mir ins Bett. Ich bin von der unruhigen Nacht so müde, dass ich immer wieder einnicke, obwohl Olivia munter auf mir herumturnt. Erst als Willi gegen 7.30 Uhr beginnt, lautstark gegen sein Bettenge-fängnis zu protestieren, stehe ich auf. Um 9 Uhr sitzen die Kinder bereits adrett angezogen und fest in ihre Stühle ge-schnallt am Frühstückstisch (sonst komme ich ja zu nix). Ich trage immerhin schon eine Jogginghose. Es klingelt. Heute Morgen steht ein sogenannter «Beratungstermin» an. Die Krankenkasse will wissen, ob wir die Pflegegeldmillionen, die wir kassieren, auch echt verdient haben, und will sicher-stellen, dass Willi nicht verlottert in der Ecke hockt und mit dem Kopf gegen die Wand haut. Die Frau kommt zu früh und ich bereue, dass ich Willis Bett nicht frisch bezogen habe, aber mein Mann hat am Wochenende einen Großputz gemacht, so schlimm kann es also nicht sein.

Die Kinderkrankenschwester vom Pflegedienst ist nett, sie schaut kurz um sich (es ist ordentlich), sie kommentiert die eben von den Kindern aus dem Regal geholten Holztiere verständnisvoll als «typisches Chaos mit Kindern» (die soll mal in zwei Stunden schauen, wie es bei uns aussieht!) und setzt sich. Ich gebe den Kindern die Brotstückchen, die vom Vorabend noch auf dem Tisch liegen, um sie vorerst zu beschäftigen (ich frage mich, ob das mit dem alten Brot wohl der Krankenkasse gemeldet wird). Ich mache der Dame einen Kaffee, Willis Lärmpegel steigt, er will sein Frühstück. Angetrocknetes Käsebrot fliegt durch den Raum. Für Willis Bett oder sonst irgendetwas von Willi interessiert sich die Dame nicht weiter. Willi sieht ja auch ganz anständig aus (aber nur, weil er noch nicht gefrühstückt hat). Die Pflegediensttante beginnt, aus dem Nähkästchen zu plaudern, und ich verfüttere nebenbei unsere letzte Banane, um die Kinder bei Laune zu halten. Ich ahne, dass die Länge des Besuches wohl nicht bei den von ihr angekündigten zehn Minuten bleiben wird. Die Kinder drehen langsam durch. Die Holztiere werden mit ohrenbetäubendem Lärm auf die Tischchen geknallt, ich kann mein eigenes Wort nicht verstehen,[*] die Frau redet trotzdem weiter. Überhaupt, warum muss Olivia immer diese Holztiere beim Essen haben?

---

[*] Vielleicht hätten wir doch zu der Plastiktiervariante von «Schleich» greifen sollen und nicht zu der arschteuren Ökoholzvariante von «Ostheimer», die tun auch nicht ganz so weh, wenn man damit beworfen wird.

Natürlich bin ich daran selbst schuld, denn ich lasse mich durch Essensverweigerung meiner Kinder zu (fast) allem erpressen. Monatelang hat Willi nur gegessen, wenn mein Mann *Die Vogelhochzeit* gesungen hat, und ich musste über ein Jahr lang den eigens für Willi komponierten *Happen-Happen-Happi-Song* singen, sonst war nichts zu machen. In dieser Zeit war es mit Besuch beim Essen besonders peinlich. Dagegen sind ein paar Schafe und Kühe, die für meine Tochter auf dem Tisch stehen *müssen*, genau genommen recht harmlos.

Ich entschuldige mich und mache Brei für die Kinder, sie können nicht länger warten. Leider fehlt darin jetzt die Banane. Ich versuche beide Kinder gleichzeitig zu füttern, während ich mir die Geschichte von einem angeblich verwahrlosten, ausländischen, behinderten Kind anhören muss (mein Gott, die Armen, doppelte Randgruppe!). Willi und Olivia matschen dabei ihren Brei überall hin, nur nicht in den Mund.

Willi kann nicht sprechen, hat aber natürlich wie jeder andere Dreijährige eine genaue Vorstellung davon, wie bestimmte Dinge ablaufen sollen, nur dass wir es leider nicht verstehen können. Wir lernen mit Willi einfache Gebärden, damit er uns zeigen kann, was er gerne möchte (was im Zweifelsfall immer ein Keks ist). Jetzt macht Willi ausdauernd eine andere seiner fünf ihm zur Verfügung stehenden Gebärden, nämlich «Nudeln». Aber so weit kommt es noch, Nudeln zum Frühstück! Ich versuche es mit der letzten im Haus befindlichen Scheibe Brot, aber Kinder mögen eben einfach keine sich unterhaltenden Mütter am Tisch, egal was man ihnen zum Essen anbietet. Das Butterbrot fliegt durch den Raum, ich kann nicht mehr, ich beschließe, die

Frühstücksversuche einzustellen. Eigentlich würde ich die Kinder jetzt einfach zum Spielen auf den Boden setzen, aber in Anbetracht der Pflegevisite säubere ich sie etwas vom Brei und putze beiden noch brav die Zähne (also ich brav, nicht die Kinder!). Allerdings ist die Wahrscheinlichkeit, dass die Kinder gleich zufrieden selbstbeschäftigt auf dem Boden sitzen, noch geringer, als dass sie friedlich am Tisch sitzen. Ich erfahre ungewollt mehr von dem vernachlässigten Ausländerkind. Die Krankenschwester ist gnadenlos, sie müsste sehen, dass ich mich gar nicht auf ihr Gerede konzentrieren kann. Auch beim Zähneputzen braucht Willi sein bestimmtes Lied und Olivia möchte dabei auf meinem Schoß sein und jammert. Ich lasse Willi frei, nehme Olivia auf den Arm, wärme meinen Tee in der Mikrowelle auf und höre, dass dieses andere Mädchen von seiner Mutter nicht in den Kindergarten gelassen wird und den ganzen Tag in einen leeren Raum geschoben und nicht gefördert wird. Jetzt bohre ich nach, es erscheint mir eigenartig, dass man sich um sein Kind nicht kümmern will, es aber nicht in die Kita gibt, denn dann wäre man es doch ein paar Stunden los. Ich jedenfalls zähle die Tage, bis Willi in einen Kindergarten gehen darf. Eine Krippe, die bereit war, unser Kind zu nehmen, haben wir nicht gefunden, was eine sehr bittere Erfahrung war.

Tatsächlich stellt sich langsam heraus, dass dem Kindergartenpersonal die langwierigen Mahlzeiten mit dem Mädchen zu lästig waren und sie deswegen auf eine feste Magensonde bestanden hatten. Tja, zu Hause war die Mutter wohl den halben Tag am Füttern und der angeblich leere Raum, in dem der Rollstuhl stand, war immerhin voll mit sechs Geschwistern. So vereinsamt und vernachlässigt kann das Kind dann wohl nicht gewesen sein. Weil ich die

andere Mutter jetzt verteidige, anstatt mit auf ihr herumzu-
hacken, wechselt die Pflegeelse das Thema.

Sie erkundigt sich bei mir ein bisschen über das
Down-Syndrom. Sie glaubt zu wissen, dass Willi schon
immer so war und dass dies auch nicht mehr weggeht,
weil die «Krankheit» etwas mit den Chromosomen zu tun
hat und das sei ja schließlich angeboren. «Aber welches
Chromosom war das denn noch gleich?», möchte sie wissen.
Was soll ich dazu sagen? Eine Kinderkrankenschwester, die
nicht mal weiß, was Trisomie 21 ist? Vielleicht sollte ich
das mal bei der Kasse melden! Außerdem mag ich es nicht,
wenn man Willis Behinderung als Krankheit bezeichnet.
In dem Sinne krank ist er ja nicht.

Als die Frau endlich merkt, dass ich weder Lust noch
Zeit habe, mich mit ihr zu unterhalten (Willi hat unter-
dessen drei Schubladen Plastikschüsseln und Dosen ausgeräumt und wirft diese jetzt durchs Wohnzimmer), schreibt
sie auf ihren Zettel «Die Pflege ist gesichert» und geht. Es
ist jetzt 10 Uhr, ich lasse erst mal alles liegen, setze Olivia auch noch zwischen die Schüsseln auf den Boden und
mache mich selbst auf die Suche nach etwas Essbarem.
Ich muss zugeben, dass ich mir als Frühstück oft nur die
restlichen Kinderbreie reindrücke, aber ohne Banane mag
ich den Brei auch nicht. Ich entdecke noch zwei Scheiben
Altbrot, die mit viel Butter und Nutella (also genauer gesagt
Nusskati von Aldi, denn so viel Pflegegeld bekommen wir
nun doch wieder nicht, noch genießbar sind.

Die Kinder spielen zufrieden im Wohnzimmer, ich
schaue lieber nicht um die Ecke und esse wundersamerweise in Ruhe mein hartes Brot. Irgendwann erscheint mir
die Situation aber doch zu verdächtig – ich riskiere einen

43

Blick und entdecke, dass Willi und Olivia es geschafft haben, eine Wohnzimmerschublade einen Spalt aufzuziehen (eben so weit, wie die Kindersicherung es erlaubt), und haufenweise Geschenkbänder, Schleifen und Tütchen durch den Spalt herauszerren. Ich beschließe taktischerweise, dass ich das gar nicht gesehen habe, und trinke noch einen Kaffee – schön! Ich erkaufe mir zum Preis der kompletten Verwüstung des Schubladeninhalts sogar noch die Zeit, den Tisch abzudecken und die Spülmaschine einzuräumen.

Dann gehe ich doch mal zu den Kindern rüber, wo mittlerweile ein Streit um die aus dem Schlitz gezogenen Luftballons entstanden ist. Mir ist nicht ganz klar, wieso man sich darum streiten kann, denn es sind ca. fünfhundert Stück, die dort verteilt auf dem Boden liegen, aber Willi muss eben immer genau den haben, den Olivia gerade in der Hand hält. Ich tadle die Kinder, dass sie die Schublade ausgeräumt haben, und versuche die verstreuten Utensilien wieder einigermaßen einzuräumen, während Willi und Olivia versuchen, sie gleichzeitig wieder auszuräumen, und schließlich sitzen wir auf dem Boden und pumpen mit der Fahrradpumpe, die Willi irgendwie in der Zwischenzeit aus meiner Handtasche erobert hat, fünfhundert Luftballons auf.

Die Kinder wuseln danach vergnügt mit Pumpe und Ballons durchs Wohnzimmer und ich versuche, ein paar dringende Telefonate zu erledigen. Aber Kinder mögen auch keine telefonierenden Mütter! Willi erscheint mit seiner Kekskarte und drückt sie mir ins Gesicht. Dann wird die Schublade mit den beim letzten Umzug säuberlich gebügelten Tischdecken und Sets ausgeräumt, dann beginnen beide Kinder zu mir aufs Sofa und an mir hoch und auf mir herumzuklettern, zerren am Hörer, an meinen Haaren, an meinen Nerven. Die Kekskarte bohrt sich wieder und wieder in meine Augen. Telefonieren ist nicht mehr möglich, allein schon wegen des Lärmpegels. Es ist nun 11 Uhr, gleich kommt Willis Frühförderung. Ich überlege, was ich in dieser schönen Stunde mache, in der ich mich «nur» um Olivia kümmern muss. Ich werde auf jeden Fall meine Zähne putzen und mich anziehen, vielleicht schläft meine Tochter ja auch, dann kann ich an den Computer, oder soll ich lieber die Telefonate erledigen oder doch besser aufräumen? Willi wird ungeduldig. Er bringt mir seine Mütze, er macht die Gebärde für Autofahren, er will offensichtlich, dass wir jetzt mal was unternehmen. Ich versuche die Kinder mit Xylofonmusik, Bilderbüchern und Liedern durchgängig zu bespaßen, wobei ich mantraartig Willi einbläue, dass gleich die Frühförderung kommt. Ich hasse warten! Wir werden alle ungeduldig. Willi beginnt wieder hartnäckig, «Nudel» zu gebärden, und um 12 Uhr kommt der Anruf, dass die Frühförderfee heute nicht kommen kann, sie hatte einen Unfall. Willi liebt sein anthroposophisches Extremspielen mit der Frühförderung und ich liebe es, wenn sich mal jemand anderes intensiv mit ihm beschäftigt, und Olivia liebt es, die Mama mal für sich allein zu haben. Wir sind also alle enttäuscht.

Willi riecht plötzlich ziemlich verkackt. Beim Wickeln stellt sich heraus, dass er offensichtlich Durchfall hat. Ich stecke ihn gleich mitsamt Klamotten in die Badewanne.

Der Mittag

Um 13 Uhr sitzt Willi wieder nudelgebärdend am Tisch. Da ich ein schlechtes Gewissen habe, den Kindern wieder mal nur Nudeln mit Butter zu geben, koche ich ganz schnell noch eine Tomatensoße. Olivia sitzt derweil im Stuhl und probiert aus, wie weit sie ihren Finger in den Mund stecken kann, bis der Würgereiz einsetzt. Zum Glück macht sie das vor dem Essen, sonst würde ich frühe Anzeichen für Bulimie vermuten, wahrscheinlich aufgrund der Vernachlässigung durch ihre Mutter. Willi verzweifelt währenddessen schier. Warten ist wirklich nicht seine Stärke. Ich möchte auf keinen Fall der Sachbearbeiter der Telekom sein, den Willi eines Tages zusammenbrüllen wird, nachdem er dort eine Stunde in der Wartschleife festhing. Erst als *endlich* die erste Nudel in Willis Mund gelandet ist (von wo sie unbedingt noch einmal wieder herausgenommen und betrachtet werden muss, um dann erneut hineingesteckt zu werden), kehrt zufriedene Ruhe ein. Aber nur so lange, bis ich mir selbst Nudeln auf den Teller fülle. Ich begreife nicht gleich, warum Willi plötzlich seinen Teller auf den Boden leert und schreit, aber offensichtlich will er die Nudeln so, wie sie bei mir liegen, nämlich ohne Soße. Auch Olivia wirft jetzt die Nudeln mit Soße in die Ecke. Also essen beide Kinder mit ihren Holzkühen und Schafen Butternudeln und ich meine Tomatensoße eben allein. Ich stelle mir dabei die Frau vom Pflegedienst bei der nächsten Familie vor: «Der arme behinderte Junge, er sitzt die ganze Zeit angeschnallt in einem unordentlichen Wohnzimmer und bekommt nur altes Brot oder Nudeln ohne Soße, total vernachlässigt, das Kind, und die Eltern wollen ihn so schnell wie möglich in den Kindergarten abschieben ...»

Nach dem Essen muss Willi erneut abgeduscht und frisch angezogen werden. Dann stecke ich ihn ins Bett. Es ist jetzt 14 Uhr. Ich verordne allen Mittagsschlaf, auch mir, was eine absolute Ausnahme ist, nicht nur weil die Kinder ja im Grunde nie tagsüber gleichzeitig schlafen, sondern weil einfach immer so viel zu tun ist, was nebenher mit beiden Kindern nicht machbar ist! Und auch jetzt macht Olivia keine Anstalten einzuschlafen, aber ich bin selbst so müde, dass ich schwach werde und sie an der Brust trinken lasse (sie ist schon über ein Jahr alt und ich finde, es reicht langsam mal mit dem Stillen). Es hilft! 14.30 Uhr: Aneinandergekuschelt schlafen wir ein – was für ein schöner Moment!

Der Nachmittag

Gegen 16 Uhr wachen wir alle gleichzeitig und vollkommen gerädert vom Telefon auf. Der Anrufer kommentiert mein bedröhntes «Äh, ich wach grad aus dem Koma auf» mit einem «Oh, du hast es ja gut». Ich bin mir da nicht so sicher und telefonieren kann ich auch nicht, die Kinder sind ja ebenfalls aufgewacht. Willi weint, er braucht ziemlich lange, bis er sich wieder einkriegt. Er muss kuscheln und schnullern und außerdem schon wieder gewickelt werden. Er ist jammerig auf diese Art, dass er sofort anfängt zu weinen, wenn ich nicht in unmittelbarer Sichtweite bin. Ein deutliches Zeichen dafür, dass es ihm nicht gut geht. Das Schöne an Willi ist, dass er einen aus tiefem Kummer ganz plötzlich anlachen kann, wenn man ihn in den Arm nimmt – dann geht mir das Herz auf. Beim Windelnwechseln bemerke ich Willis wunden Po, da würde ich bestimmt auch jammern. Ich will ein paar Minuten Luft an seinen Popo lassen, während ich die vollen Windeln in den Müll bringe. Ein Fehler! Als ich wieder reinkomme, hat Willi ins Wohnzimmer gekackt und Olivia patscht in der Lache herum ... Die genaue Beschreibung des folgenden Szenarios erspare ich mir und dem Leser. Ich bin nur froh, dass die Pflegepolizei nicht in diesem Moment gekommen ist, sonst wäre ich vielleicht das Sorgerecht für beide Kinder losgeworden ...

Draußen scheint die Sonne auf den Schnee und ich mache mich daran, die Kinder (gegen ihren Willen) in ihre Schneeanzüge, dicke Socken, Stiefel, Mützen und Handschuhe zu stopfen. Allein deswegen freue ich mich schon auf den Sommer! Wir sind alle tierisch genervt und uns läuft der Schweiß, ich setze die Kinder schon mal auf die

Terrasse, oft hilft das, denn dort liegen meist noch alte Salzstangen und andere Essensreste herum, die sie nach Belieben aufsammeln können. Aber heute wird das Brüllen draußen noch schlimmer. Ich spendiere sogar einen Keks, aber zwecklos. Willi drückt sich verzweifelt mit dem ganzen Gesicht an die Scheibe, es sieht zum Erbarmen aus und auch ein bisschen lustig, aber es hilft nichts, ich muss eben meine Jogginghose noch gegen eine Jeans tauschen und selbst Jacke und Schuhe anziehen. Ich würde auch gerne ein Glas Wasser trinken, aber die Zeit nehme ich mir nicht mehr.

Als ich mich mit unserer Doppelkarre endlich in Bewegung setze, kehrt zum Glück wieder Ruhe ein. Es ist 17 Uhr. Ich beschließe, eine Station mit der U-Bahn zu fahren, um die Laune der Kinder weiter aufzubessern. Außerdem ist es echte Schwerstarbeit, unser Gefährt durch den Schneematsch zu schieben. Das U-Bahn-Fahren kommt gut an. Willi lässt im Waggon seine kleine dreckige Lache hören, die ihm irgendwie sein Vater beigebracht hat. (Wer erinnert sich noch an «Beavis and Butt-Head» von MTV? Etwa so!) Alle um uns herum müssen mitlachen. Sosehr er damit das Klischee vom ewig lustigen Down-Kind erfüllt (was mich nebenbei gesagt ziemlich nervt), bin ich stolz auf Willi, der so viel gute Laune verbreiten kann. Schade, dass unsere Station keinen Fahrstuhl hat. Wir würden das sonst öfter einfach mal so machen, ein bisschen auf- und abfahren und dabei dreckig kichern, finde ich toll!

Als Nächstes gehen wir im Museumsdorf Ziegen füttern. Es gibt dort einen altmodischen Futterautomaten, in den man früher bestimmt einen Groschen werfen musste. Heute kostet der Spaß 20 Cent und das ist er locker wert!

Olivia scheint die Ziegen für Pferde zu halten, denn sie singt immer wieder die ersten drei Töne von *Hopp, hopp, hopp, Pferdchen, lauf Galopp*. Das ist herzallerliebst! Willi ist ein begeisterter und mutiger Ziegenfütterer. Es ist ihm nicht zu vermitteln, dass er das Ziegenfutter auf der flachen Hand hinhalten sollte. Ich bemerke, dass er stattdessen den von der Ergotherapie lang vergebens geübten sogenannten Pinzettengriff benutzt, indem er zwischen Daumen und Mittelfinger (es sollte allerdings der Zeigefinger sein) das Trockenfutter hinhält. Die Ziege knabbert vorsichtig die Stückchen zwischen seinen Fingern heraus. Darüber kann Willi sich jedes Mal königlich amüsieren! Olivia macht mit einem energischen «dada» klar, dass sie auch Ziegen (oder eben Pferde) füttern will. Sie kann den Pinzettengriff natürlich ganz von selbst und schon seit Monaten (und benutzt dafür auch korrekterweise den Zeigefinger). Sie macht es ihrem Bruder nach und auch sie kichert ein ums andere Mal. Dann beginnt Willi, das Ziegenfutter selbst zu essen. Leider kann ich ihn nicht davon abbringen. Meine Theorie, dass er damit schon aufhören wird, wenn er merkt, wie es schmeckt, bewahrheitet sich nicht. Vielleicht schmeckt es ja auch gut, was weiß ich, ich probiere jedenfalls nicht. Als Olivia beginnt, auch dies ihrem Bruder nachzutun, beschließe ich, das Füttern zu beenden.

Beim Aufbruch bemerke ich, dass ein Reifen am Wagen platt ist. Mir fällt siedend heiß ein, dass sich die Pumpe mitnichten in meiner Tasche, sondern vielmehr irgendwo im wohnzimmerlichen Chaos befindet. Auf der Felge wuchte ich die verfluchte Karre bis ins Dorf, auf der Suche nach einem Fahrradfahrer, der uns eine Pumpe leihen könnte. Es findet sich niemand (bei dem Schnee ist ja auch kein normaler Mensch mit dem Fahrrad unterwegs). Als ich zum Bäcker reingehe, um wenigstens schnell ein Brot zu kaufen, bricht bei den Kindern die Panik aus. Mit dem Platten bekomme ich die Karre nicht die beiden Stufen hoch in den Laden, die Kinder können gut durch die Glasscheibe hineinsehen, aber das hilft nichts. Die Verkäuferin drückt mir mit einem bestürzten Gesichtsausdruck für die Kinder sofort ein Brötchen in die Hand (irgendwie hat Willi gewollt und ungewollt ein unglaubliches Talent, Essen zu organisieren). Als ich rauskomme, haben sich schon Passanten mit dem gleichen mitleidigen Gesichtsausdruck um die Karre versammelt. Die Kinder brüllen und ihre Münder sind braun verkrustet vom Ziegenfutter. Sie sehen irgendwie verlottert aus, hier würde mir niemand glauben, dass mein Sohn heute schon dreimal gebadet hat. («Stellen Sie sich vor, die Mutter gibt ihrem behinderten Sohn und seiner Schwester Ziegenfutter zu essen und lässt sie mitten im Winter weinend und verdreckt allein in der Fußgängerzone stehen, während sie in Ruhe shoppen geht.»)

Mittlerweile ist es dunkel geworden und unser Schlachtschiff lässt sich im Schneematsch kaum noch bewegen. Olivia freut sich über das Brötchen, aber Willi ist untröstlich. Er weint und weint. Ich tue es ihm nicht an, jetzt auch noch sein Gesicht sauber zu machen, egal wie vorwurfsvoll die anderen Passanten mich anschauen (denn ich weiß: Wenn man schon ein behindertes Kind hat, sollte man wenigstens dafür sorgen, dass es immer schön sauber und ordentlich aussieht). Wo ist es denn nun, das ewig lustige Mongölchen, das sich manche Menschen vorstellen? Er ist eben Willi, am Ende ein ganz normaler Mensch mit Höhen und Tiefen. Ich möchte ihn auf dem Arm tragen und die verdammte Karre stehen lassen, aber ich habe ja keine Chance, beide Kinder ohne das Ding nach Hause zu bekommen. Irgendwie schaffe ich es bis zur Bahn (Fahrstuhl kaputt, aber Willi in der Bahn wieder beruhigt). Ich finde jemanden, der mit mir die Karre bei uns auch noch die Treppen runterwuchtet, und renne noch schnell mit den Kindern in unseren örtlichen Aldimarkt, um Bananen zu kaufen. Die Geduld der Kinder ist am Ende, sie schreien jetzt beide, sie wollen auch nicht mehr mit Knabberkram bestochen werden, den ich in der Schlange schon mal für sie öffne, obwohl ich weiß, dass ich von der Kassiererin gleich einen Anschiss dafür bekomme, mein Rücken schmerzt, eine Frau drängelt sich vor, es ist alles purer Stress und ich könnte heulen! Jetzt würde ich am liebsten den Wagen mitsamt den Kindern stehen lassen ...

Der Abend

18.30 Uhr: Zu Hause kann ich Willi und Olivia mit den bei Aldi erstandenen «Maxi Sesamstangen» doch noch erfreuen. Sie lachen sich schlapp, wenn ich die Stangen aus der Packung ziehe, weil sie wie normale Salzstangen aussehen, aber fast einen halben Meter lang sind. Fröhlich werden Sesamstangen aus der Packung gezogen und gegessen, zerbrochen, sich gegenseitig gefüttert und gekichert. Mir sind die Maxi Sesamstangen auch irgendwie sympathisch, weil nicht «Dinkelstangen» draufsteht. Dieser ganze Dinkelkram überall, das ist auch so eine alberne Ökomode. Mich nervt Dinkel langsam, weil man für Kinder ja fast gar nichts mehr kaufen kann, ohne dass Dinkel draufsteht. In den Aldistangen sind bestimmt ganz viele Gluten und böser Kristallzucker und wahrscheinlich sogar Gewürze drin! Als Nächstes muss Willi erneut abgeduscht werden. Ich mache schon mal beide Kinder für die Nacht fertig und wir essen Abendbrot. Ich versuche mit den Kindern die Methode «Erlernen neuer Fertigkeiten durch berührendes Führen», von der mein Mann und ich in einem Elterntraining erfahren haben. Wir besuchen so einen Kurs, um zu lernen, mit unserem erziehungsresistenten Kind besser klarzukommen. Zum ersten Mal streiche ich also, ihre Hände führend, das Brot mit den Kindern gemeinsam. Willi weiß nicht so recht, was das soll, und versucht auf Biegen und Brechen, jede einzelne Komponente sofort in den Mund zu stecken. Aber irgendwie liegt dann doch vor Willi ein geschmiertes, zerfetztes Frischkäsebrot und für Olivia ist ihr Brot offensichtlich durchs gemeinsame «Selberschmieren» so interessant geworden, dass auch sie ausnahmsweise mal mit Appetit isst. Willi gebärdet weiter fleißig «Nudeln» (man kann's ja mal probieren), isst aber ebenfalls mit Freude sein Brot, jedoch nicht, ohne auch jetzt wieder jedes einzelne Stückchen noch mal aus dem Mund zu nehmen und interessiert zu beäugen. Irgendwie ist das seine neuste Macke. (Hatte ich vorher gesagt, er sei ein ganz normaler Mensch? Na gut, ich gebe zu, das stimmt vielleicht nicht ganz.) Aber ich sehe das entspannt und gehe davon aus, dass es genauso plötzlich wieder verschwinden wird, wie es gekommen ist (also das mit dem Essen aus dem Mund nehmen, nicht das mit dem Behindertsein, das versuche ich zwar auch entspannt zu sehen, aber immerhin bin ich genauso schlau wie die Frau vom Pflegedienst und weiß: das geht nicht wieder weg). Und natürlich läuft auch bei dieser Mahlzeit bei Olivia nichts ohne ein Schaf und einen Esel auf dem Tisch (das ist ja vielleicht auch nicht ganz normal, oder?). Wenn Olivia nur einmal die Gebärde für Schaf macht (sie lernt so nebenbei alle Gebärden mit und kann bestimmt schon dreimal so viele wie Willi und zusätzlich mehrere Worte sprechen), werde ich ohnehin sofort schwach, weil es so süß ist. Und überhaupt, wenn die beiden da jetzt so sitzen und ihren Tieren Brotstückchen auf den Kopf drücken und dazu laut schmatzen, da könnte ich weinen, so niedlich ist das!

Sogar ich komme dazu, zusätzlich zu den von den Kinderbroten abgeschnittenen Kanten zwei Scheiben zu essen und etwas zu trinken. Dann putze ich singend alle Kinderzähne und um 19.30 Uhr ist es unbedingt Zeit für Willi zu schlafen. Leider muss er noch mal in die Badewanne und braucht einen frischen Satz Schlafklamotten, aber es ist für heute unser letztes Kackamassaker. Willi ist guter Laune. Zu dritt hocken wir in seinem Bett, ich singe und Olivia verteilt Küsse. Heute Abend höre ich aus Willis Zimmer keinen Mucks mehr, er muss sofort eingeschlafen sein.

Olivia ist auch müde, um 20.30 Uhr darf sie noch mal an der Brust trinken und schläft ein. *Endlich* frei, denke ich und gehe ins Wohnzimmer. Knöcheltief wate ich durch Spielzeug, Küchenutensilien, Klamotten, Essensreste (und wer weiß, vielleicht noch Schlimmeres) und beschließe, ganz schnell wieder nach oben zu gehen. Ich wünschte, mein Mann würde heute Abend noch nach Hause kommen und all das hier beseitigen ... Aber leider kommt er erst morgen zurück und wäre auch wenig beglückt, unser Haus in dem Zustand zu finden, den ich sonst nur von Tagesschauaufnahmen aus Tsunamigebieten kenne.

Neulich sagte mein Mann zu mir, als er wie immer am Ende eines solchen Tages fast wie in Trance im Halbdunkeln unseres Wohnzimmers die Reste des Tages beseitigt hatte und dann trübe und lahm den Staubsauger über den Boden bewegte, dass er sich vorkomme wie der unterbezahlte Discounter-Angestellte, der nach seiner Zwölf-Stunden-Schicht jeden Abend noch einsam die Bodenreinigungsmaschine durch den leeren Markt schieben muss. Ein sehr passender Vergleich.

Ich lasse alles liegen (auch den Berg mit der verkackten Wäsche), putze mir die Zähne (immerhin), und weil ich einfach nicht entscheiden kann, was ich nun zuerst tun soll, mache ich einfach gar nichts. Dann setze ich mich an den Computer und schreibe mal auf, wie so ein ganz normaler Tag bei uns abläuft – in der Hoffnung, eines Tages darauf zurückblicken zu können. Während ich schreibe, wacht meine Tochter noch einmal auf und muss getröstet werden und auch Willi weint zweimal im Schlaf, aber nur weil er nicht ganz gesund ist. Meine Tochter wird sich heute Nacht mindestens noch zweimal lautstark melden (und das sind die guten Nächte). Seit dreizehn Monaten habe ich nur eine Nacht gehabt, in der ich lediglich einmal aufgestanden bin, und erstaunlicherweise lebe ich trotzdem noch (und meine Tochter auch!).

Als ich noch für den Marathon trainiert habe, da habe ich nachts wenigstens durchgeschlafen. Der Lauf hat außerdem den entscheidenden Vorteil, dass er nur einmal im Jahr stattfindet und für mich nach viereinhalb Stunden vorbei ist. Manchmal denke ich, das Marathon-Training war so eine Art Vorbereitung für ein Leben mit Willi. Aber wer ein behindertes Kind erwartet, der müsste wohl eher für den Ironman trainieren (oder besser die Ironmama). Ich finde, Kinder sind viel besser als Sport. Ich brauche gar kein Krafttraining, um ordentlich Muckis in den Armen zu haben. Mir erscheint es sinnvoller, jeden Samstag Doppelkarren durch den Schnee zum Bauernhof zu schieben, als allein drei Stunden durch die Dunkelheit zu joggen. In meine Klamotten aus der Zeit vor den Kindern passe ich locker seit Langem wieder rein (was gut ist, weil ich ja keine Zeit zum Einkaufen habe), und was auch immer man über die Attraktivität von muskulösen Oberarmen denken mag, auf jeden Fall sind sie netter antrainiert, wenn man mit beiden Kindern auf dem Arm durchs Wohnzimmer tanzt als wenn man in irgendeinem Fitness-Center die 30 Kilogramm als Gewichte stemmt. Nur mal so ein paar Stunden ganz für mich allein wie früher beim Laufen, das fehlt mir schon ...

Wimmbad! Oder um sich alles besser
vorstellen zu können: Ein ganz normaler
Tag aus unserem Leben (Sommer)

Einmal, im Sommer – es war heiß, und Willis Kindergarten hatte grausame vier Wochen geschlossen – da hatte ich eine irrwitzige Idee: Ich könnte doch mit meinen Kindern ins Freibad gehen! Bei uns in der Nähe befindet sich ein FKK-Waldbad, wo bis 18 Uhr aber laut Beschilderung auch das Baden mit Textilien erlaubt ist. Natürlich wollte ich nicht mit beiden Kindern allein dort hingehen, ich bin ja nicht vollkommen wahnsinnig, sondern verabredete mich mit einer hilfsbereiten, kinderlosen Freundin.

Ich besitze ein Lastenfahrrad, in dem ich vorne in einer Art großen Kiste mit zwei Bänkchen beide Kinder gegenüber anschnallen kann. So kann Willi weder bei voller Fahrt herausspringen noch seiner Schwester schwere Gegenstände auf den Kopf hauen. Aber bevor wir losfahren können, muss ich natürlich unsere Sachen packen und uns alle drei irgendwie anziehen, nur das allein ist schon eine echte Herausforderung ohne eine zweite Person zum Helfen. Während ich Sandspielzeug, Schwimmflügel, Handtücher, Getränke, Kekse, Salzstangen und Kartoffelsalat zusammenkrame und im Fahrrad verstaue, haben meine Kinder die halbe Wohnung zerlegt, sich die Gesichter zerkratzt und dauergebrüllt. Als sie endlich angeschnallt im Fahrrad sitzen, sind meine Nerven für diesen Tag schon aufgebraucht!

Obwohl wir fast eine Stunde verspätet sind, ist meine

Freundin noch nicht da. Wir gehen schon mal rein und ich erspare allen Lesern eine längere Wiedergabe der zähen Diskussion mit der nackten Frau an der Kasse darüber, dass Willi das Recht auf eine (nicht zahlende) Begleitperson habe. Die Antwort lautet immer wieder: Es gibt keine Ermäßigung für Behinderte, und weil es in der Schlange hinter mir zu murren beginnt, gebe ich bald auf zu erklären, dass es ja gar nicht um eine Ermäßigung für Willi geht.

Ich schiebe das Fahrrad mit den festgeschnallten Kindern zu einem netten Platz unter Bäumen. Um uns herum wimmelt es von mehr oder weniger nackten Menschen. Ich lege eine Decke auf den Boden und weiß nicht so recht, warum ich das tue, denn mir ist eigentlich klar, dass keines meiner Kinder länger als zehn Sekunden auf dieser Decke sitzen wird und ich deswegen natürlich auch nicht. Aber irgendwie sieht es gemütlicher aus und ein bisschen normal.

Sonst ist mal wieder nichts normal bei uns. Sobald ich Willi ausgezogen und freigelassen habe (ich persönlich trage lieber Textilien), läuft er zum nächstbesten, nackt auf dem Rücken liegenden Mann und setzt sich rittlings auf seinen Bauch. Ich denke, Willi fühlt sich durch die Haltung des Mannes zum Hoppereiter-Spielen aufgefordert. Dass der Mann unbekleidet ist, scheint Willi nicht weiter zu beeindrucken, ja überhaupt nicht aufzufallen. Ganz im Gegenteil zu Olivia, die seit dem Betreten des Schwimmbades auf jeden einzelnen FKKler mit dem Finger zeigt und laut und erstaunt «Nackedei» ruft. Aber Willi macht da keinen großen Unterschied, er zögert auch zu Hause nicht den Bruchteil einer Sekunde, wenn er sich komplett angekleidet in die Badewanne stürzt. Mir ist erstaunlicherweise nicht oft was peinlich mit Willi, aber das mit dem Reiterspielchen tut mir jetzt wirklich leid. Stellen Sie sich das mal vor. Sie sind Mitglied im Freikörperkultur-Verein, liegen hüllenlos entspannt auf der Wiese und dösen, da springt Ihnen plötzlich so ein kleiner, ebenfalls nackter Mensch auf den Bauch und beginnt sofort, wild auf Ihren Genitalien herumzuhüpfen. Ich weiß ja, dass es nur bedeutet, dass er «Hoppe Hoppe Reiter» hören will, aber trotzdem, das geht echt nicht, bei aller Toleranz.

Ich entschuldige mich und versuche, so schnell wie möglich mit den Kindern gen Strand zu kommen. Aber in dem Moment, in dem Willi das Wasser sieht, wirft er sich flach auf den Boden und beginnt zu brüllen und um sich zu schlagen. Irgendwie schaffe ich es trotzdem, schweißgebadet und unter Aufwendung all meiner Kräfte und Geduld, beide Kinder gleichzeitig festzuhalten, einzucremen, mit Mützen und Schwimmflügelchen zu versehen und sie zu dem kleinen Strandabschnitt zu schleppen. Warum um Himmels willen habe ich nur zwei Arme! Wenigstens ist es hier egal, dass Willi im Kampf meinen Bikini herunterreißt, so was stresst mich andernorts dann doch.

Es gibt schon zu diesem Zeitpunkt wohl niemanden mehr im ganzen Schwimmbad, der uns noch nicht gesehen oder gehört hat. Könnte ich die Augen auch nur eine halbe Sekunde von meinen Kindern abwenden, ich würde die mitleidigen Blicke der anderen Eltern sehen. Aber ich kann ja nicht woanders hinschauen und das ist auch ganz gut so. Es genügt mir, dass ich bemerke, dass offensichtlich jeder hier, vom tätowierten Motorradrocker bis zur Oma, sich das Schamhaar rasiert, ein Umstand, den ich schwer übersehen kann, da meine Kinder beide etwa einen Meter groß sind und ihre Köpfe sich somit exakt auf Schamhaarhöhe befinden. Ich denke, dass ich wohl bald mal eine *Bravo* kaufen muss, um mich in Sachen Genitalfrisuren auf den neuesten Stand zu bringen, denn dieser Modetrend war bisher an mir vorbeigegangen.

Endlich im Sand angekommen, läuft alles ein paar Minuten ganz gut, denn Willi kann in sicherer Entfernung vom Wasser in sein Eimerchen schaufeln. Olivia aber zieht es in Richtung See, genau genommen sind wir ja auch deswegen gekommen. Also versuche ich, mich zweizuteilen. Zwischen Willi und Olivia sind immer nur wenige Meter zu überbrücken und trotzdem müsste ich tatsächlich bei jedem Kind direkt danebenstehen. Aber ich muss jetzt Prioritäten setzen und entscheide, dass das Kind am Wasser Vorrang hat und die fremden Kinder, die gerade ein Problem damit bekommen haben, dass Willi ihre Spielzeuge berührt, das irgendwie selbst lösen müssen.

Unser Frieden dauert aber nicht lange. Die nun laut plärrenden anderen Kinder haben sich mit ihrer Mama und dem Badetier, das es Willi besonders angetan hat (und übrigens gerade von niemandem benutzt wurde), auf ihre Decke am Strand zurückgezogen. Willi hinterher. Ich schnappe mir Olivia, um den strampelnden Willi wieder einzusammeln. Die andere Familie versucht, ihr Badetier unter einem Handtuch zu verstecken, aber Willi vergisst die Existenz des Gummitiers nicht (und ich bin erstaunt über meinen Sohn, denn ich wusste gar nicht, dass er solche Fortschritte bei der Objektpermanenz gemacht hat). Er strebt wie magnetisiert sofort zurück, er will das Krokodil haben, und ich wünschte mir, sie würden ihm das blöde

Ding bloß ein paar Minuten überlassen, länger würde sein Interesse ja ohnehin nicht anhalten (außer natürlich, er überrascht mich erneut). Aber sie tun es nicht.

Wir machen das Ganze etwa zehnmal. Willi rennt zum Krokodil, ich renne mit Olivia auf dem Arm hinterher, laut sinnlose Dinge rufend wie: «Stopp, Willi! Das ist nicht unser Badetier! Willi darf das Krokodil nicht haben!» Blablabla (in der irren Hoffnung, dass sich die Familie doch noch unser erbarmt und das Scheißding kurz rausrückt), und dann wuchte ich Willi und Olivia wieder zurück zu unseren Schäufelchen und Eimerchen. Irgendwann bitte ich die Mutter (obwohl es gegen mein Ehrgefühl geht), ihren Sohn zu überzeugen, meinem Sohn das Krokodil doch kurz zu leihen. Sie antwortet, dass ihr Kleiner sich im Kindergarten so schlecht durchsetzen könne und dass sie sein Verhalten deswegen jetzt unterstützen wolle ... Mir fällt zu so viel Blödheit leider so schnell nichts ein, nicht mal etwas Gehässiges. Dann muss ich auch schon wieder hinter Willi her, der jetzt eine neue Richtung eingeschlagen hat. Ich hätte ihr sonst vielleicht noch viel Erfolg wünschen können dabei, ihren Sohn zu einem Arschloch zu erziehen, andererseits sieht es ja so aus, als würde sie das auch ohne meine guten Wünsche ganz super hinbekommen.

Willi hat jetzt etwas ganz anderes entdeckt: Auf den Handtüchern und Decken ringsherum liegen bergeweise Brotdosen, Tüten und Packungen mit *Essen*! Nun ist alles verloren. Jetzt sprinte ich nur noch, Willi grabscht sich wahllos, was er bekommen kann. Es ist, als hätte er acht Arme und Beine, ich kann das eine nicht zurücklegen, ohne dass Willi schon an der nächsten Sache dran ist, er krallt sich in die Decken und stürzt sich auf fremde Taschen. Das ist der Moment, an dem ich aufgeben muss. Ich schleppe beide Kinder zurück zu unserem Platz beim Fahrrad.

Dort muss ich leider feststellen, dass auf der Decke nebenan Nachbarn von uns lagern, die ich ganz sicher noch nie nackt sehen wollte (übrigens sind die auch rasiert). Sie bekommen erst mal einen kleineren hysterischen Anfall, weil Willi *ohne Windel* über ihre Decke läuft. Ich bin langsam etwas gereizt und bestehe darauf, dass dies ein FKK-Bad ist, sie sind ja schließlich auch nackt. Gleichzeitig weiß ich aber: Die Gefahr, dass mir unsere Nachbarn auf die Decke pinkeln, ist ungleich kleiner als die, dass Willi gleich ihnen aufs Handtuch kackt. Wie auch immer, ich resigniere und hebe Willi ins Lastenfahrrad und schnalle ihn darin fest – anders geht es nicht.

Ich könnte heulen. Ich schaue auf die Uhr und zähle die Minuten, bis meine Freundin endlich kommt. Am liebsten würde ich jetzt nach Hause fahren, aber solche missglückten Unternehmungen können mich tagelang runterziehen. Es gibt so vieles, was man mit Willi nicht machen kann, und ins Freibad zu gehen scheint ganz eindeutig dazuzugehören. Aber ich finde, dass meine Tochter das Recht bekommen sollte, etwas zu planschen! Sie hat gerade laufen gelernt hat und will ihre Welt erkunden und nicht nur ständig auf Mamas Arm hinter Willi hergeschleppt werden. Ich möchte dieses Bild noch einmal in mich aufsaugen, wie sie mit ihrem nackten Popo und den Schwimmflügelchen im Wasser steht und vor Freude quietscht, und die Wahrscheinlichkeit, dass wir so schnell noch einmal hierherfahren, scheint auch ziemlich gering.

Um Zeit zu gewinnen, mache ich das Einzige, was

beide Kinder auf jeden Fall gut beschäftigt: Ich verteile Würstchen und Kartoffelsalat (den natürlich außer mir keiner will), mache für Willi hundertmal seine Spieluhr an und zähle die Minuten und die Würste, bis die Verstärkung kommt.

Aber erstmal kommt ein nackter Rentner in Turnschuhen und Kniestrümpfen (er trägt zum Glück keine Schamhaarglatze), bestaunt unser Fahrrad mit den Worten «Das ist ja ein dolles Ding», um mich dann, ganz in der Manier des selbst ernannten Schwimmbadaufsehers, darauf hinzuweisen, dass ich mein Fahrrad vorne, an den extra dafür vorgesehenen und gekennzeichneten Fahrradständern, abstellen muss. An diesem Punkt ist meine Geduld mit dem Schicksal leider vorbei.

Ich möchte ihn jetzt gerne fragen, ob er von der Pillermannpolizei ist oder warum er (ohne eine blasse Ahnung zu haben von dieser Situation, meinem Kind oder überhaupt von meinem Leben) meint, hier in diesem lächerlichen Aufzug ankommen zu können, um einen auf Oberwachtmeister zu machen!

Aber ich frage ihn nur, ob er hier der Chef ist. Mein Tonfall muss ihn irritieren, vielleicht sieht er auch in meinen Augen, dass ich bereit bin zuzuschlagen, und er gesteht, dass er nicht der Chef sei, aber dafür offizielles Mitglied im Verein. Das beeindruckt mich natürlich gar nicht, dass er im Pillermannverein ist, und ich trage ihm auf, wenn er etwas dagegen habe, dass ich für mein schwer behindertes Kind, das seinen Sitz braucht, dieses Fahrrad mit an unseren Platz nehme, seinen Chef bitte persönlich zu mir schicken möge, damit ich das mit ihm diskutieren kann.

Wachtmeister Pillermann verzieht sich sichtlich eingeschüchtert mit der Entschuldigung, dass ihm das nicht aufgefallen sei, denn das Kind habe ja so lebendig gewirkt. Ich verzichte, ihn darauf hinzuweisen, dass ich das Fahrrad natürlich nicht für ein nicht lebendiges, behindertes Kind brauche (aber nur, weil mein Mann sagt, ich solle nicht immer so unfair zu Leuten sein, die sich im Zusammenhang mit der Behinderung unseres Sohnes ungeschickt ausdrücken). Lebendig ist Willi ja auch wirklich und nach dem, was wir mit ihm durchgemacht haben, weiß ich, dass es ein großes Glück ist, dass er überhaupt lebt. Und sich bei einem Kind, das die Prognose hatte, niemals laufen zu lernen, darüber aufzuregen, dass es zu viel herumläuft, ist ja auch irgendwie pervers.

Und dann kommt endlich meine Freundin und sie geht mit Olivia planschen und ich kann mich ganz um meinen Willi kümmern, mit ihm im Sand buddeln, ihn von fremden Badetieren fernhalten und mit ihm bergeweise Kekse in Empfang nehmen, die er bei den Leuten erbettelt, und gut darauf achten, dass er keine fremden Handtücher betritt oder gar bepieselt.

Dann ist es plötzlich im Freibad doch noch ganz nett und Willi nähert sich sogar dem Wasser und freut sich, seine Schaufel (und anderer Kinder Schaufeln) hineinzuwerfen. Er ist ganz goldig und sieht rundum glücklich aus (und das stimmt mich so milde, dass ich sogar dem plärrenden Kind mit der Arschlocherziehung seine Schaufel immer wieder aus dem Wasser hole, ohne die Mutter darauf hinzuweisen, dass er doch lernen sollte, sich selbstständig durchzusetzen). Und dann rennt meine Freundin eine Weile hinter Willi her und ich kann mit meiner jauchzenden Tochter durchs seichte Wasser staksen und mir dieses Bild fest einprägen – ihr erster Sommer, in dem sie laufen kann, und ihr erster Besuch im Schwimmbad, nach dem sie die ganzen nächsten Wochen fragen wird: «Wimmbad? Wimmbad?» Und ich werde sagen müssen: «Nein, mein Schatz, das geht leider nicht.» Dieses Jahr baden wir lieber weiter im Planschbecken auf unserer Terrasse und versuchen es vielleicht nächstes Jahr noch einmal ...

Ohne Willi ist hier gar nix los

Bekanntlich haben Mütter an ihren Kindern viel zu kritisieren, aber wehe, ein anderer wagt es, das Verhalten des eigenen Kindes zu beanstanden – das geht gar nicht! Dann verteidigen wir unsere Brut mit Händen und Füßen (und kämpfen mit aller Macht dafür, dass aus der ungerechten Drei minus der Sachkundearbeit noch eine glatte Drei wird)!

Bevor ich selbst Kinder bekam, wusste ich nicht, wie sehr man als Mutter über das eigene Kind angreifbar ist. Wird das Verhalten unseres Kindes kritisiert, fühlen wir uns in der Regel persönlich verletzt – und nicht nur, weil ja immer irgendwie die Eltern schuld sind, wenn ein Kind nicht grüßt, einen dreckigen Mund hat, einen gigantischen Wutanfall bekommt oder schlägt und schubst. Man will dieses kleine Wesen eben vor allem beschützen, auch vor Kritik.

Tatsächlich bin ich der Meinung, dass es oft unmöglich ist, als Außenstehender den Grund für ein bestimmtes Verhalten eines fremden Kindes zu verstehen und zu beurteilen, egal ob behindert oder nicht. Deswegen sollte man vielleicht auch einfach mal den Mund halten und nicht ständig das Handeln anderer bewerten und kommentieren. Wie sehr muss es Familien zum Hals heraushängen zu hören, «in dem Alter sollte das Kind ja nun wirklich selbst laufen», wenn man ein größeres Kind im Buggy schiebt, was eben nicht laufen kann!

Mit einem behinderten Kind kann man wenigstens guten Gewissens alle Nicht-Experten-Einmischung von außen ignorieren (und einen großen Teil der Experten-Einmischung auch). Wenn ich es offen zugebe, ruhe ich mich darauf auch manchmal ganz schön bequem aus: Mit Willi ist eben alles anders, für uns gelten andere Regeln ...

Eltern werden in jedem Fall schnell zum Fachmann für ihr Kind und fast jedes noch so schräge Verhalten hat für sie seinen erklärbaren Grund. Wenn Willi beim Frühstück plötzlich beginnt, sein Brötchen kleinzurupfen, und es quer über den Tisch wirft, dann weiß ich, dass er eben im Garten einen Vogel gesehen hat, den er nun versucht zu füttern. Ich muss jetzt nicht motzen, weil er mal wieder mit seinem Essen wirft (das sieht nämlich anders aus, dann fliegen die Brote im Ganzen), sondern erklären, dass der Vogel das Futter von dort draußen gar nicht sehen kann. Besonders irritierend ist es für Außenstehende, wenn Willi beginnt, laut zu schreien, und mein Mann und ich mit größter Mühe um ihn herumstehen und immer wieder abfragen, was er denn möchte. Wir wirken wie zwei hilflose Eltern, die einen Affentanz um ein bockiges Kind veranstalten und ihn dann für sein Geschrei auch noch belohnen, indem er seinen Willen durchsetzen darf. Ich kann dann nicht jedes Mal erklären, dass mein Kind eben nicht sprechen kann und genauso wie jedes Kind aber das Recht bekommen sollte, dass wir seine Bedürfnisse wahrnehmen. Er kann ja auch jederzeit Schmerzen haben, die er nicht äußern kann! Deswegen regt mich in dieser Situation der Spruch «Du musst auch einfach mal Nein sagen» enorm auf, denn dafür müsste ich ja überhaupt erst mal wissen, was mein Kind überhaupt will! Und wer nicht sprechen kann, der erlebt *ständig*, dass ihm selbst die einfachsten Wünsche nicht erfüllt werden, eben weil sie nicht erkannt werden. Und unabhängig davon ist das Wort «Nein» wahrscheinlich das, was Willi am häufigsten hört, wenn er sich durch unsere Welt bewegt: Nein, nicht die Tür öffnen, nein, nicht da lang, nein, nicht werfen, nein, nicht anlecken, nein, nicht auf den Tisch klettern, nein, nicht die CDs rausziehen, nein, nein, nein ...

Es traut sich zum Glück selten ein Fremder, uns oder unser Kind offen zu kritisieren (anders als uns offen anzustarren), aus lauter Angst, dass das vielleicht politisch nicht korrekt sein könnte. Das führt aber so weit, dass manche Leute nicht mal «Stopp» sagen, wenn Willi seine Hände und Zunge in ihrem Eisbecher versenkt.

Ich versuche also gut aufzupassen, dass mein Sohn fremde Menschen nicht zu sehr belästigt, wobei ich aber ein wenig Belästigung durchaus in Ordnung finde, sonst könnten wir ja gar nicht das Haus verlassen. Zum Beispiel dass Willi so laut schreit, da müssen die anderen Leute in der U-Bahn einfach durch. Natürlich schauen sich alle nach uns um, aber da muss ich wiederum durch. Ebenfalls müssen unsere Mitmenschen ertragen, dass Willi ständig hin und her läuft, und auch, dass er sie dabei berührt (ich versuche aber dafür zu sorgen, dass er dann kein Eis mehr an den Fingern hat). Damit mein Sohn still in der U-Bahn an einem Platz sitzt, müsste ich ihn dort einfrieren, eine andere Chance gibt es da nicht.

Es ergeben sich manchmal unangenehme Momente, wenn zum Beispiel jemand angeekelt sein Hosenbein abputzt, auf welches Willi auf dem Weg durch die U-Bahn seine Hand gelegt hat. Aber im Prinzip sind die positiven

Reaktionen absolut in der Überzahl. Willi bringt regelmäßig wildfremde Menschen jeglicher Hautfarbe und jeglichen Alters zum Lachen und miteinander ins Gespräch. Durch Willi kommt wenigstens mal ein bisschen Leben in die Bude!

Einmal gerieten wir in eine kleine Gruppe St.-Pauli-Fans auf dem Weg zum Stadion, die am Ende sangen: «Ohne Willi is hier gar nix los», und damit hatten sie vollkommen recht! Übrigens darf man jederzeit auch einem behinderten Kind, welches einem erwartungsvoll in die Augen grinst und die Hand ausstreckt, wenn man gerade in ein Franzbrötchen* beißen will, antworten: «Nein! Das gehört mir.» Aber im Allgemeinen sehe ich dann einen sehr vergnügten Willi und einen sehr vergnügten Fahrgast mit jeweils einem halben Franzbrötchen in der U-Bahn sitzen (beziehungsweise umherlaufen) und auch alle anderen Fahrgäste sehen dann vergnügt aus.

Das sind die Qualitäten, die mein Sohn mit ins Leben bringt: Er verbindet Menschen. Allerdings fürchte ich, dass auf dem Ersten Arbeitsmarkt die Fähigkeiten «andere Menschen zum Lachen bringen», «die Freude am Teilen lehren» oder «überall Essen schnorren» nicht besonders gefragt sind. Er muss also wohl weiter ehrenamtlich tätig sein. Durch Willis eigenwillige Art verändern andere Menschen ihr gewohntes Verhalten und davon profitieren alle. Also warum versuchen, meinen Sohn ständig festzuhalten und zu erziehen (hat ohnehin keinen Effekt und ist obendrein tierisch anstrengend für mich)?

* So nennen wir in Norddeutschland eine Zimtschnecke.

Neulich war ich mit Willi mal wieder in der U-Bahn und er war, wie üblich, damit beschäftigt, zwischen den Plätzen herumzulaufen, Leute zu inspizieren und auf die Türöffner-Knöpfe zu drücken. Ich kann dann so lange sitzen bleiben, bis die Bahn an einem Bahnsteig hält und die Türen sich tatsächlich öffnen, in dem Moment muss ich aber definitiv zur Stelle sein und Willi festhalten, damit er nicht herausspringt. Wir drücken dann, bis der Zug wieder fährt, abwechselnd den Schließen- und Öffnen-Knopf, dabei hat Willi viel Spaß. Ich kann gut nachvollziehen, dass es Leute gibt, die das ständige «Auf und Zu» der Türen nervt, aber das müssen sie eben mal ertragen, so oft ist ja auch kein Behinderter im Waggon, der das *unbedingt* tun muss, ständig auf die Knöpfe drücken und die Mülleimer öffnen (was ich dagegen strengstens zu verhindern suche, allerdings ebenfalls ohne Erfolg).

Neulich hat sich zum ersten Mal jemand getraut, meinem Sohn den gebührenden Anschiss dafür zu verpassen, dass er durchgängig den Türöffner-Knopf bearbeitete. Der junge Mann, der Willi energisch zurechtwies, hatte übrigens das Down-Syndrom und die Ansage schien Willi deutlich mehr Respekt einzuflößen als jemals eine von mir. Gebracht hat es aber trotzdem nichts, Willi ist einfach an die andere Tür gegangen. Ich war beeindruckt von dem Mann, denn das traut sich sonst keiner (und ich hätte es vielleicht auch keinem anderen gestattet)! Ich beobachtete, dass der junge Mann mit Down-Syndrom übrigens auch an jeder Haltestelle auf den Knopf drückte, allerdings ließ er die Tür dann offen und er hatte nicht mehr den Drang, durch die geöffnete Tür sofort rauszurennen ... Auf den Tag freu ich mich bei Willi jetzt schon.

Very happy Welt-Down-Syndrom-Tag!

Es gibt Menschen, die Wert darauf legen, dass heutzutage nicht mehr Down-Syndrom gesagt wird. Neulich hat mich Willis Krankengymnastin (zu der man heutzutage aber Physiotherapeutin sagen muss) zurechtgewiesen: «Es heißt nicht Down-Syndrom, sondern Trisomie 21!» Es gibt sogar Leute, die sagen: «Mein Kind lebt unter den Bedingungen einer Trisomie 21», um nicht zu sagen: «Es hat Trisomie 21», weil das wieder wie eine Krankheit klingen könnte. In jedem Fall höchst umstritten ist der Ausdruck «Downie», selbst unter Insidern. Ob man demnächst stattdessen «Trisie» sagt, weiß ich nicht, aber es ist eher unwahrscheinlich, weil ja jede Verniedlichung natürlich immer eine Diskriminierung ist.

Ich persönlich bin schon ganz froh, wenn mich auf der Straße keiner mit den Worten anspricht: «Ist das ein Mongo?» Kein Witz, neulich ist das wieder passiert. Das Wort «mongoloid» ist wirklich out, denn es steht für eine Zeit, in der Kinder wie Willi keinerlei Förderung bekamen, sie keine normalen Schulen oder Kindergärten besuchen durften und am Rande der Gesellschaft herumvegetierten.

Allerdings differenziere ich die Art und Weise, wie das Wort benutzt wird, sehr genau. Wenn eine ältere Dame meinen Willi anschaut und lächelnd fragt: «Ach, ist das ein Mongölchen, die sind ja so lieb», dann nehme ich ihr das nicht übel. Da kommt es nicht auf den politisch korrekten

Ausdruck an, sondern auf das, was an Gefühlen herüberkommt, nämlich ein warmes und willkommen heißendes Gefühl. Und ich nicke dann lächelnd und antworte nicht etwa: «Entschuldigung, aber Sie diskriminieren gerade mein Kind! Er wurde mit den Bedingungen einer Trisomie 21 geboren.»

Und ich werde der Frau ebenfalls nicht sagen, dass der Willi keineswegs immer so lieb ist, wie sie glaubt. Immerhin ist das ein positives Vorurteil, ist doch auch mal ganz schön! Als aber ein Arzt vom Medizinischen Dienst der Kassen seinen Bericht einmal mit den Worten «Mongoloider, inkontinenter Zweijähriger» begann, fand ich das schon ziemlich arm. Im Gegensatz zu den allermeisten anderen Menschen erwarte ich von einem Mediziner, dass er weiß: Beim Down-Syndrom liegt eine Chromosomenanomalie vor, bei der das Chromosom 21 dreifach vorhanden ist, und der medizinische Begriff lautet deshalb «Trisomie 21»! Aber einen Zweijährigen als inkontinent zu bezeichnen, fand ich damals wohl noch bescheuerter, als ihn mongoloid zu nennen.

Übrigens wurde der Ausdruck «mongoloid» nicht abgeschafft, weil sich Menschen mit Down-Syndrom, sondern vielmehr die Mongolen selbst diskriminiert fühlten und deswegen gegen die Bezeichnung «Mongolismus» 1965 einen Antrag bei der WHO stellten. – Na ja, heutzutage sagt man also nicht mehr «mongoloid», und das Wort «behindert» versuchen auch schon einige zu vermeiden, weil es mittlerweile zum Schimpfwort geworden ist.

Allerdings sehe ich persönlich das nicht ein. Nur weil da auf der Straße ein paar Pubertierende rumlaufen, die ständig «Bist du behindert, oder was?» rufen, denke ich mir doch nicht neue, komplizierte Beschreibungen für den Geisteszustand meines Sohnes aus! Da ist doch nicht die Bezeichnung das Problem, sondern die Einstellung dieser Menschen, die müssen wir ändern! Neulich habe ich gehört, wie auf dem Schulhof ein Kind das andere mit den Worten «Ey, du I-Kind» beschimpfte! Sich ständig neue, politisch korrekte Worte auszudenken macht die Sache nicht besser. Im Gegenteil. Ich beobachte oft, dass Leute sich kaum trauen, mich auf die Behinderung meines Kindes anzusprechen, weil sie Angst haben, etwas Falsches zu sagen. Wie soll so ein natürlicher Umgang mit Behinderungen zustande kommen?

Was mich allerdings stört, ist die Formulierung «Willi leidet am Down-Syndrom». Denn Fakt ist: Willi hat das Down-Syndrom, aber er leidet nicht daran! Ganz im Gegenteil, er ist besser drauf als die meisten anderen Menschen, die ich kenne. Ich leide vielleicht unter Willis Down-Syndrom, weil er mit seinen fast vier Jahren keine Anstalten macht, selbst zur Toilette zu gehen, oder seine Schwester leidet, weil sie kein Verständnis hat für «mein» und «dein» und dementsprechend jeder Keks Willis Keks ist. Mein Mann leidet, weil er auf der Gitarre hunderttausendmal das gleiche Kinderlied für Willi spielen muss, statt zu rocken. Aber nicht Willi, der leidet nicht. Er leidet nur, wenn er im Bällebad von anderen Kindern absichtlich beworfen wird, weil er anders aussieht als sie selbst, und genau genommen leidet er dann nur an der Reaktion seiner Umwelt, nicht an seiner Behinderung!

Übrigens wurde im Jahr 2012 ein Antrag an die Vereinten Nationen angenommen, den 21. März offiziell als «World Down Syndrome Day» einzutragen (komisch, nicht als «Welt-Trisomie-21-Tag»). Ich hatte die Petition mit unterschrieben, dabei kann mir das im Prinzip egal sein, denn bei uns zu Hause ist jeden Tag eine große Party (ob uns nun zum Feiern zumute ist oder nicht). Für uns ist jeder Tag «Welt-Down-Syndrom-Tag»! Aber wir feiern auch gerne einmal im Jahr mit der restlichen Welt zusammen. Und ich möchte, dass sich dann die Menschen auf der Straße in den Armen liegen, und ich darf an dem Tag auch mal meinem Bedürfnis nachkommen, schon zum Frühstück eine Flasche Sekt zu öffnen, und wir rufen uns alle zu: «We wish you a very happy World Down Syndrome Day!»

Noch mehr schlimme Diagnosen: das Auto-Syndrom (Aba-Aba-Störung)

Ich denke, alle Mütter kennen sie, die Zukunftssorgen um ihr Kind. Von vielen Müttern, die Kinder mit Down-Syndrom haben, höre ich, dass diese Sorgen bei ihnen schon in der Stunde der Geburt begannen.

Auch mein Mann und ich stellten uns die abstrusesten Fragen schon an Willis erstem Lebenstag: Werden wir unser Kind lieben? Können wir es nicht gegen ein normales Kind eintauschen? Sterben solche Kinder nicht immer früh? Wird es jemals vernünftig sprechen lernen? Wird Willi so bescheuert aussehen wie der behinderte Junge, den man selbst als Kind kannte? Wird er Freunde haben? Jemals zu einem Kindergeburtstag eingeladen sein? Abitur machen? Was werden die Nachbarn sagen? Werden wir jemals Großeltern werden? Was, wenn wir alt sind und uns nicht mehr um ihn kümmern können? Und wird unser Kind vielleicht einmal das goldene Chromosom gewinnen? (Ach ne, davon wussten wir damals ja noch gar nichts.)

Meinen Mann aber quälte hauptsächlich die eine Frage: Wird mein Sohn jemals VW-Bus fahren können??? Ich glaube, er weinte in Willis erster Lebenswoche nur deswegen, weil er bald gegoogelt hatte, dass Menschen mit Down-Syndrom keinen Führerschein machen dürfen.

Und daraus wiederum ergab sich eine Frage, die mich seit Willis Geburt umtrieb: Es ist die Frage nach dem Fahrzeug-Gen. Bekanntlich tritt dieser Gendefekt bei fast allen

Jungen auf, verwächst sich dann aber oft bis zum erwachsenen Alter, sodass auch Männern meist ein ziemlich normales Leben möglich ist (was bedeutet, dass der erwachsene Mann an Baustellen nicht mehr zwangsweise vierzig Minuten die Bagger anschauen muss und auch an einem Müllauto im normalen Tempo vorbeifahren kann. Natürlich wird noch der eine oder andere Entzückungsschrei beim Anblick eines A380 von sich gegeben und «Guck mal, guck mal» gerufen, aber damit kann man ja letztlich ganz gut leben.)

Bei uns in der Familie kommt allerdings erschwerend eine extreme, erbliche Veranlagung durch Willis Vater hinzu: Mein Mann ist stark Auto- beziehungsweise VW-Bus-gestört (und mit nur zweimal «Guck mal» kommt er bei einem A380 ganz sicher nicht hin). Wir kennen uns seit zehn Jahren, in dieser Zeit haben wir tatsächlich sieben verschiedene VW-Busse besessen. Jeder Euro fließt in teure Neuanschaffungen und natürlich deren Reparaturen, denn gerne sind diese «neuen Autos» auch schon museumsreif. Nichts wird von meinem Mann so geliebt und gepflegt wie sein Auto, der Tatsache habe ich schon vor unserer Hochzeit fest ins Auge geschaut. Aber an die Gefahr einer Vererbung hatte ich damals nicht gedacht. Was wäre, wenn das Fahrzeug-Gen auf dem 21. Chromosom sitzt, welches ja bei Menschen mit Down-Syndrom bekanntermaßen dreifach vorhanden ist??? Das wäre eine unvorstellbare Katastrophe! Es war vollkommen verantwortungslos, mit diesem Mann ein Kind zu zeugen.

Ich versuchte, im ersten Jahr möglichst alle Spielzeugautos von Willi fernzuhalten, doch es war unmöglich. Aus allen Ecken und Ritzen schienen sie zu quellen: Autos aus Holz, aus Plastik, aus Metall, aus Stoff und Wolle, sogar Bücher haben wir in der Form eines Autos, einige sogar mit Rädern! Dazu kommen dann die unzähligen Bücher, die von Traktoren, Müll- und Feuerwehrautos handeln. Aber spätestens seit wir das erste Bobby-Car im Haus haben, kann ich die Augen nicht mehr davor verschließen: Mein Kind ist betroffen, es hat das Fahrzeug-Gen, und zwar dreifach! Willis Glück war perfekt, sobald er auf diesem kleinen roten Auto saß und wir ihn umherschoben (dabei konnte er noch nicht mal wirklich sitzen). Hörte man damals nur kurz auf, das Auto zu bewegen, waren heftige Wutanfälle vorprogrammiert. Es waren schwere Zeiten für mich, denn ich haderte sehr damit, wie ungerecht wir vom Schicksal behandelt wurden. Genügte das denn nicht: Down-Syndrom, Stimmbandparese, Duedenalstenose, Epilepsie? Warum musste gerade mein Kind auch noch so stark betroffen sein vom Auto-Syndrom? Wofür wurde ich denn bloß so gestraft?

Heute ist Willi drei und das Bobby-Car ist Peanuts. Er muss in einem richtigen Auto sitzen, wobei es ihm unser VW-Bus natürlich besonders angetan hat. (Übrigens jetzt der achte Wagen in zehn Jahren, denn seit ich angefangen habe, diesen Artikel zu schreiben, hat mein Mann gerade mal wieder einen neuen VW-Camper gekauft. Diesmal das allerneuste Modell, den T5 California. Er passt so hübsch zu unseren Bauschulden.) Aber ich kann, trotz des Preises, noch froh sein, dass es nicht ein T2 ist; ein Auto mit Pflegestufe 3 können wir uns noch weniger leisten. Willis Lieblingsfeature im neuen Auto ist das im Bordcomputer fest installierte Autoradio, welches er schon selbst einschalten und auf vollste Lautstärke orgeln kann.

Aber Willi versucht auch mit aller Kraft, in jedes andere Auto auf der Straße einzusteigen. So manches Mal war ich nicht schnell genug zur Stelle und er saß schon lenkend und am Radio nestelnd auf dem Fahrersitz fremder Autos, wofür nicht jeder Besitzer wirklich viel Verständnis hat. Sie können ja auch nicht ahnen, unter welcher schweren Männerkrankheit mein Sohn leidet.

Willis erste Gebärde mit zweieinhalb war «Auto». Auch heute ist das Erste, was er morgens macht, seine Autogebärde: Zwei kleine Fäustchen wackeln hin und her und er spricht so eine Art erstes Wort dazu, nämlich: «Aba aba!» «Aba aba» bedeutet Auto und ist Willis einzige Silbendopplung. Es gibt kein «da da» oder etwa «ma ma», nein, nur eben «aba aba»! Willi spricht dieses Wort zu jeder Gelegenheit – wie gesagt, beim Aufwachen geht es los, wann immer er ein Auto sieht oder eines sehen will, wann immer er möchte, dass wir nach Hause oder von dort wegfahren, und auch sonst zu allen anderen Anlässen. Es ist fast eine Art Übersprungshandlung. Wenn er eine kleine Denkpause hat (und davon hat er wohl eine Menge), schiebt es sich in sein Gehirn: Aba aba. Was soll ich Ihnen sagen, es ist furchtbar bei uns zu Hause. Ich weiß, dass man da hineinwächst als Frau, aber ich weiß wirklich nicht, wie lange ich das noch ertragen kann. Ich lebe mit zwei Autobekloppten unter einem Dach. Beide reden den ganzen Tag von ihrem Aba aba, wollen nix anderes als welche haben, davon schwärmen, darin sitzen, lenken und das Radio aufdrehen. Wenn andere Mütter mir sagen: «Ich bewundere dich, ich würde das nicht schaffen», dann macht mich das unendlich traurig: Ich habe doch gar nicht die Wahl! Wer, außer mir, soll sich denn um die beiden kümmern?

Ach, wären wir damals bloß zur humangenetischen Beratung gegangen, man hätte uns dort warnen können und eine Fruchtwasseruntersuchung hätte hinweisen können auf das Auto-Gen! Ich weiß ja selbst, dass «so was heute nicht mehr sein muss» (obwohl Männer mit neuen Autos ja solche Sonnenscheine sind!), es gibt die Möglichkeit, schon früh das Geschlecht des Kindes zu bestimmen und, falls es ein Junge wird, die Konsequenzen zu ziehen. Andererseits kann man heutzutage aber auch so viel machen beim Fahrzeug-Gen. Bei entsprechender Frühförderung (durch das rein weibliche Fachpersonal in Kitas und Schulen) können sich auch Jungs ganz toll entwickeln und später fast selbstständig leben. Ja, es gibt sogar Männer, die im erwachsenen Alter vollkommen ohne Auto auskommen, von so einem Fall habe ich gehört, in Spanien gibt es so einen Mann.

Aber wie es eben so ist bei einem Kind mit Down-Syndrom, unser «Normal» ist ein anderes Normal.

Stellt euch vor, seit einigen Monaten steht sogar ein echtes Auto für Willi bei uns im Garten! Es ist ein VW-Käfer (o Wunder, kein VW-Bus) und ich glaube, mein Mann hat ihn hauptsächlich angeschafft, um den schweineteuren (meiner Meinung nach vollkommen überflüssigen) Bordcomputer in seinem neuen Wagen etwas zu entlasten, denn Willi drischt natürlich unablässig auf ihn ein, um sich Musik anzumachen.

Mir steht eine vollkommen unklare Zukunft bevor, in der mein Mann und mein Sohn sich gegenseitig, symptomverstärkend in ihrem Autowahn, wie in einem Teufelskreis aufputschen werden. Vielleicht muss ich sie beide eines Tages stationär unterbringen lassen, ich weiß es nicht. Das

Leben straft mich mal wieder doppelt, das ist doch einfach nicht gerecht, oder? Meine Tochter ist mein einziger Trost ...

Und doch spüre ich es immer wieder und möchte allen Jungsmüttern und Ehefrauen Mut machen: Es ist möglich, ein Leben mit relativ hoher Lebensqualität auch mit dem Fahrzeug-Gen, sogar mit dem dreifachen, wenigstens für die Betroffenen!

Anmerkung der Autorin: Zum Zeitpunkt des Erscheinens dieses Buches hat der Vater meiner Kinder auf Wohnmobil und zusätzlichen PKW (diesmal Mercedes) umgestellt, schätzungsweise, weil er so gleich zwei Autos gleichzeitig kaufen konnte. Allerdings habe ich ihn mehrfach in letzter Zeit bei *mobile.de* erwischt, sodass unser Ehestreit um das nun zwölfte Auto in dreizehn Jahren bereits begonnen hat.

Neulich musste ich beruflich eine Woche ins Ausland auf Lesereise. Immer wenn ich unterwegs bin, vermisse ich ausgerechnet meine Obernervensäge Willi besonders. Den ganzen Tag muss ich an meinen lieben, kleinen Willi denken (der ja eigentlich gar nicht so lieb und auch nicht mehr so klein ist). – Wenn ich dann im Ausland Familien mit einem Kind mit Down-Syndrom begegne, fühle ich mich von ihnen magisch angezogen. Ich stalke ihnen auf der Straße hinterher, bis ich die Möglichkeit habe, sie anzusprechen. Ich *muss* ihnen einfach erzählen, dass ich auch so einen Spezialisten zu Hause habe, und ein Foto von Willi zücken, auf dem man ihn grinsend in seinem Supermannkostüm sieht. Wir Familien behinderter Kinder sind weltweit so eine Art Gemeinschaft, eine Community eben.

Neulich also, in Madrid auf der Flughafentoilette, war wieder so ein Moment, in dem ich einer anderen Mutter eines Kindes mit Down-Syndrom begegnete.

Na ja, ich begegnete ihr zuerst nicht direkt. Ich hatte gerade die Klotür hinter mir geschlossen und war noch damit beschäftigt, die versiffte Toilette zu säubern, als ich hörte, wie eine Frau die Kabine nebenan betrat und mit etwas zu lauter Stimme (wie ich sie auch von mir kenne, wenn ich mit Willi spreche) ihr «Engelchen» aufforderte, mit hineinzukommen.

Als Nächstes hörte ich dieses Entsetzen, das entsteht, wenn das Kind Dinge tut, die man unbedingt verhindern muss, aber nicht verhindern kann: «O nein, Schatz, nicht hier auf den Boden setzen.» Und dann nacheinander: «Um Himmels willen nicht den Türgriff, nicht das Klo, nicht den Mülleimer anlecken!» Spätestens jetzt, wo es um die Anleckerei ging, konnte ich davon ausgehen, dass die Mutter nebenan ein Kind mit Down-Syndrom dabeihatte.

Wie gut ich sie kenne, diese Situationen! Auf der Toilette kann man sein Kind eben nicht festhalten – unmöglich. Diese Mutter hatte sogar noch Glück: Die Toilettentüren waren so tief, dass das Kind (welches sicherlich mit dem down-syndrom-typischen Fluchtinstinkt ausgestattet war) sich nicht unter der Tür durchquetschen konnte, sodass sie es dann, mit halb heruntergelassener Hose, fünfhundert Meter weiter, vom Gepäckband oder der Rollbahn, einsammeln musste.

Nebenan wurde die Stimme der Mutter immer verzweifelter, ich hörte alle Spielarten der Liebe, Angst und Resignation. Egal, wie eindringlich sie auf ihr Kind einredete, es schien alles zu ignorieren. Auch das kam mir sehr bekannt vor. Bald hörte ich nur noch die Worte: «O Gott, die Bakterien, die Bakterien!» Die Frau war den Tränen nahe. Wahrscheinlich litt auch dieses Kind ständig unter schweren Infektionskrankheiten, das deutlich zu hörende Schnaufen ließ das erahnen.

Ich beeilte mich, denn ich wusste, dass ich dieser Frau helfen musste. Sie sollte sich wenigstens gleich die Hände waschen können, denn dabei kann man erfahrungsgemäß sein Kind auch nicht gut festhalten. Die anderen Leute würden keine Unterstützung anbieten, weil sie

Berührungsängste haben. Oder sie würden ohnehin nicht klarkommen, weil sich das Kind wahrscheinlich wie ein nasser Sack vor dem Waschbecken auf den dreckigen Boden fallen lassen würde. Aber ich gehöre zur Community, ich würde gleich dem erziehungsresistenten Kind mit Hilfe von Liedern und Fingerspielen ruckzuck die Hände waschen, auch gegen seinen Willen.

Das alles würde ich ganz selbstverständlich tun, mit einem coolen Lächeln im Gesicht, denn ich bin hier die Einzige, die diese Frau versteht. Dann würde ich der anderen Mutter kurz das Willi-Supermannfoto zeigen und mit nur einem verschwörerischen Blick würden wir uns darüber austauschen, wie anstrengend und wie schön das Leben mit einem behinderten Kind ist – aber dann müsste sie schnell weiterrennen, immer ihrem Kind hinterher. Ich fühlte mich gut, denn ich war mit meinen Problemen nicht allein!

Als die Tür aufging, kam eine ziemlich hysterische Yuppie-Tussi mit einem fetten Mops auf dem Arm heraus. Sie gehörte zu einer anderen Community, zu meiner jedenfalls nicht.

Ich wunderte mich, dass sie ihrem Hund nicht die Pfoten wusch, und fühlte mich irgendwie einsam.

Schmerzensgeldklage gegen Wolfgang Petry

Wer noch nie wochenlang von morgens bis abends *Backe, backe Kuchen* vor sich hin gepfiffen hat, der hat wahrscheinlich keine Kinder und auf jeden Fall keines mit dem Down-Syndrom.

Auch wenn es mich noch so nervt, dass Willi damit ein typisches Down-Syndrom-Klischee erfüllt (die sind ja alle *so* musikalisch), ist er doch seit Beginn seines Lebens verrückt nach Musik. Als Willi noch ein Baby war und ich fürchtete, dass er vielleicht gar nicht hören könnte, war es nicht etwa meine Stimme, für die er zum ersten Mal sein Köpfchen drehte und lauschend innehielt, sondern er drehte sich zu seinem Vater, der ein Lied für ihn sang.

Über lange Zeit war dabei *Backe, backe Kuchen* sein absoluter Favorit. Und nichts war so süß wie ein kleiner Willi, der versuchte, in die Hände zu klatschen. Sangen wir *Backe, backe Kuchen*, war Willi glücklich, sangen wir etwas anderes, war Willi wütend. Gleich zwei aufeinanderfolgende Jahre war es unser Sommerhit. Doch eines Tages erschien mir das Lied so vollkommen melodiefrei und sinnentleert, dass ich es nicht mehr singen konnte, beim besten Willen nicht. Es wurde nur noch als Geheimwaffe benutzt, zum Trösten und um Willi zur Kooperation zu bewegen! Unter Zwang gewöhnten wir Willi an neue Lieder. Bald hatte bei uns jeder Akt der täglichen Routine seine eigene Melodie: das Zähneputzen, das Windelnwechseln, das Essen(!), das Zubettbringen, jedes einzelne Tier im Bilderbuch und, und, und. Dann lernte Willi, mit Gebärden klarzumachen, welches Lied er hören wollte, und das war der Moment, an dem ich mich endgültig wie eine wandelnde Jukebox fühlte. Wenn ich nicht bereit war, das geforderte Lied von mir zu geben (und bei Bedarf tausendfach zu wiederholen), wurde ich wie eine kaputte Jukebox getreten und gehauen oder Willi bekam vor Kummer einen Zusammenbruch, wobei er natürlich nur mit Hilfe eines Liedes mühsam wieder getröstet werden konnte.

Das war der Punkt, an dem wir anfingen, für Willi Kindermusik-CDs anzumachen. Leider ist der Großteil der frei verkäuflichen Kinderlieder so furchtbar, dass ich sie kaum ertragen kann. Außerdem hatten sie für Willi immer zu viele Lieder, da er seine Liebe damals gerne nur einem einzigen Song schenkte. Wir machten uns auf die lange Suche nach etwas Passendem und stießen auf eine schöne Kindermusical-Fassung der «Kleinen Raupe Nimmersatt». Das kam (nach einer anstrengenden Eingewöhnungsphase) bei Willi super an. Während der zwanzig Minuten Laufzeit brauchten wir nicht mal mehr durchgängig neben dem CD-Spieler stehen zu bleiben, um alle zwei Minuten Willis Lieblingslied wieder an den Anfang zu schalten. Er hat sie geliebt, die kleine Raupe. Jeden Morgen führte er mich als Erstes an der Hand zum CD-Spieler; wann immer er nach Hause kam, musste sie angemacht werden – und überhaupt ganztägig und immer hörten wir bald *Die Kleine Raupe Nimmersatt*. Und irgendwann fand ich es gar nicht mehr so schön, das Musical. Ich fing sogar an, den Interpreten namens Ludger Edelkötter aus tiefstem Herzen zu hassen. Wenn man nachts wach liegt und es einem immer und immer wieder im Kopf herumgeht, «aber satt war sie noch immer nicht, satt war sie noch immer nicht ...», kann man irgendwann nur noch hassen.

Einmal, als ich wach lag, wieder mit der Raupe im Gehirn, da flüsterte mein Mann neben mir die Worte «Ludger Edelkötter» und wir wussten, dass wir bald eine Lösung finden mussten, wenn wir nicht wahnsinnig werden wollten.

Das Problem ist, etwas zu finden, was man gut und gern zehntausendmal hintereinander hören kann, ohne dass es einen annervt. Ich weiß nicht, ob Kinder ohne Down-Syndrom auch so stur sind oder ob sie mehr Abwechslung wünschen, Willi wünschte sie nicht. Er wünschte die Raupe: morgens, mittags, abends, am besten sogar nachts ... bis die CD im Müll landete.

Am längsten haben wir *Peter und der Wolf* ausgehalten, bis wir die CD in kleine Stücke brachen und im Klo runterspülten. Aus Mangel an einer Gebärde für *Peter und der Wolf* zeigte Willi sogar die (für seine Verhältnisse) schier unglaubliche Transferleistung, uns drei Bildkarten gleichzeitig zu bringen: die Ente, die Katze und der Hund (was wohl der Wolf sein sollte).

Natürlich haben wir ausgiebig versucht, Willi an Gitarrenrock und Grunge zu gewöhnen, leider erfolglos.

Mein Bruder nahm sich eines Tages der Sache an und stellte für uns eine Kindermusik-CD zusammen, auf der all unsere 70er-Jahre-Kinder-Fernseh-Highlights mit der Titelmusik zu hören sind: das *Dschungelbuch*, diverse Sesamstraßenlieder, *die Muppet Show* und natürlich *Die Biene Maja*, ein großartiger Song, der nun seit Jahren in allen

Varianten bei uns im Haus geschmettert wird. (Wir singen Karel Gott, das stelle sich mal einer vor!) Und dann gibt es da natürlich *Hey Hey Wicki* (welcher trotz der blonden Zöpfe nicht etwa ein Mädchen, sondern einen Wikingerjungen darstellt, was mir bis dahin verborgen geblieben war, da ich die Worte «Zieh fest die Segel an» immer verstanden hatte als: «Sie fässt die Segel an»). Ich wüsste zu gern, was Willi wohl versteht von diesen teilweise doch recht hirnverbrannten Texten??? Pippi Langstrumpf ist selbstverständlich auch dabei (ihre Stimme geht einem allerdings schnell auf den Senkel, wie sich beim fünfhundertsten Hören herausstellte). Selbst diese Lieblingslieder bergen durch dauerhafte Berieselung ein ungeahntes Nervpotenzial.

So verabscheue ich mittlerweile aus tiefstem Herzen den Reim aus dem Pinocchio-Song (immerhin intoniert von Mary Roos) «Kleines Bübchen, freches Püppchen». Leute – das reimt sich einfach nicht und geht einem trotzdem den ganzen Tag im Kopf rum! Immer wenn ich diesen furchtbaren Ohrwurm mal los war, schlenderte neben mir gedankenverloren mein Mann und summte vergnügt vor sich hin: «Kleines Bübchen, freches Püppchen, du bist zu klein, allein zu sein ...» Es gab bei uns mittlerweile schon handfeste Ehestreite, weil der eine absichtlich dem anderen, wenn er gerade «clean» war, einen kleinen Udo-Jürgens-Song ins Ohr flötete (*Vielen Dank für die Blumen* ...).

Eines Tages machten wir einen großen Fehler: Wir boten Willi Rolf Zuckowskis *Die Vogelhochzeit* an. Ich glaube, dass Herr Zuckowski ganz absichtlich seine Musik für Menschen mit geistigen Behinderungen manipuliert. Es müsste eine Warnung draufstehen, dass die Musik für

Kinder suchtbildendes Potenzial hat und bei Erwachsenen schwere Aggressionen hervorrufen kann. Das müsste echt «FSK 16» haben, mindestens! Wenn man mich fragt, sollte dringend mal eine Studie gemacht werden, in der untersucht wird, inwieweit Elterngewalt gegen Kinder in einen Zusammenhang gebracht werden kann mit täglich zwanzigmal Rolf Zuckowskis *Die Vogelhochzeit*. Ich bin sicher, die CD landet sofort auf dem Index!

Ebenfalls eine deutliche Warnung möchte ich für alle CDs aussprechen, die im Titel irgendwie das Wort «Kindergarten» tragen, die gehen echt gar nicht und sind bei unseren Kindern natürlich die beliebtesten!!!

Mittlerweile hat Willi mit seinen vier Jahren eine ganze CD-Sammlung (die Hälfte davon heißen «Kindergartenlieder» oder «Lieder für den Kindergarten»), er bedient sogar schon selbst das Gerät, indem er ständig Songs vorscippt (was auch wahnsinnig nerven kann). Er würde zu gerne auch eigenhändig CDs rein- und rausmachen, aber da die Haltbarkeitsdauer des Tonträgers dadurch etwa auf eine Stunde schrumpft, darf er das nicht. Das Gerät selbst ist (auch um es vor dem Werfen zu schützen) so tief in ein Regal eingeklebt, dass die Klappe für Willi (noch) nicht zu öffnen ist. Ich hatte mal mit einem Baustellenradio geliebäugelt, um für Willi seine lebensnotwendige Musik irgendwie mit in den Urlaub zu nehmen. Die Dinger können laut Beschreibung aus zehn Metern Höhe auf Beton fallen, ohne kaputtzugehen. Allerdings hatte ich Angst, das Teil könnte vielleicht eher mal aus zehn Metern Höhe auf Willis kleine Schwester fallen, und das sicher nicht, ohne dass sie dabei kaputtgeht. Matthias dachte wohl eher an seine Motorhaube, als er mir die Sache ausredete, oder daran, dass das Teil 250 Euro kosten sollte.

Da der Hebst gerade begonnen hat, läuft bei uns seit ein paar Wochen wieder durchgängig die Weihnachtslieder-CD (die im Hochsommer unter Verschluss gehalten wird). Letztes Jahr habe ich mich in der Down-Syndrom-Mailingliste beklagt, als Willi im Februar noch Weihnachtslieder einforderte. Ich erfuhr furchtbare Dinge: Einige Eltern behinderter Kinder müssen das ganze Jahr über Weihnachtslieder hören und andere haben sogar Kinder, die selbst Blockflöte spielen und die im Juni beginnen, Weihnachtslieder zu üben und im Mai erst wieder damit aufhören! Eine Mutter antwortete mir in einer privaten Nachricht, dass sie zurzeit ernsthaft in Betracht ziehe, Schmerzensgeldansprüche gegen Wolfgang Petry geltend zu machen (und auch für eine Sammelklage gegen Volker Rosin wurden noch Familien gesucht wegen akustischer Körperverletzung). Da wusste ich, dass es doch stimmt, was die Eltern von jungen Erwachsenen mit Down-Syndrom immer behaupten, nämlich dass die Probleme gar nicht weniger, sondern sogar mehr und immer schlimmer werden! Diesmal bin ich ausnahmsweise froh, dass ich nicht in die Zukunft blicken kann (was ich mir ja sonst immer wünsche, um sehen zu können, wie Willi eines Tages vielleicht spricht, auf einem Stuhl sitzen bleibt oder auf der Straße mit mir in dieselbe Richtung geht). Aber in dieser Zukunft würde ich meinen Sohn Willi wahrscheinlich samstagabends Weihnachtslieder flötend vor dem Fernseher sitzen sehen, während er begeistert beim «Musikantenstadl» mitschunkelt ...

Dancing Queen

Früher, als wir noch keine Kinder hatten, war unser Urlaub anders. Mein Mann und ich machten wilde VW-Bus-Touren quer durch Europa, selten waren wir länger als zwei Tage an einem Ort. Wir pilgerten auf Rockfestivals nach Südspanien oder liefen wie die Trolle durch die norwegischen Wälder – wochenlang, ohne einen Campingplatz auch nur zu betreten, immer frei, genau das zu tun, wozu wir Lust hatten.

Letztes Jahr hatten wir unsere Campingpremiere als Ehepaar mit zwei Kindern. Weiter als nach Dänemark schafften wir es mit einer Tochter in der Trotzphase nicht, ehrlich gesagt, waren schon vier Stunden Autofahrt mit Dauerwutanfall kaum auszuhalten. Weil die Kinder im Zelt kaum schliefen und wir Willi den ganzen Tag auf dem Campingplatz wie die Irren hinterherrennen mussten, waren wir schon am dritten Tag so müde, dass wir gut auch hätten nach Hause fahren können. Wir wussten beim besten Willen nicht, wie wir die nächsten zehn Tage noch rumkriegen sollten. Schon sechsmal waren wir am Strand und auf dem Spielplatz gewesen und schon zum vierten Mal Bimmelbahn gefahren.

Und so ertappten wir uns dabei, dass wir sehnsüchtig auf das Wochenende warteten, an dem der Campingplatz ein Unterhaltungsprogramm mit mehreren Abendveranstaltungen anbot. Ich hätte niemals gedacht, dass ich so schnell so tief sinken würde, aber ich freute mich wirklich darauf!

Der Freitag begann mit «Linedance». Wir beobachteten aus sicherer Entfernung etwa fünfzehn weißhaarige Damen im Alter von 50 plus, die noch ein paar willenlose Enkelkinder und Ehemänner im Schlepptau hatten. Die Linedance-Anführerin, die mit einem Head-Set-Mikrofon ausgestattet war und befehlsartige Ansagen machte, war deutlich älter als die anderen. Sie war eine geradezu Furcht einflößend beschwingte Rentnerin und ihr String-Tanga aus Spitze, welcher sich deutlich unter ihrer weißen Jeans abzeichnete, machte mir irgendwie Angst. Diese Siebzigjährige hatte zehnmal mehr Energie als mein Mann und ich zusammen, das war für uns komplett deprimierend. Für Willi hatte die Chefin aber offensichtlich nichts übrig. Als er begann, an der Musikanlage der Damen herumzufummeln, bekam sie eine sehr hohe Stimme und wir zogen uns mit Willi lieber zurück.

Für Samstag war dann endlich eine Band namens «Nalle and his crazy Iwans» angekündigt, und der ganze Campingplatz schien vor Spannung zu vibrieren. In allen Waschräumen wurde geduscht, geschminkt und sogar geföhnt. Wir erwarteten, offen gestanden, Schreckliches. Trotzdem zählten wir wie alle anderen die Stunden, bis es endlich losging.

Der Kopf der Band war, wie nicht anders zu erwarten, Nalle, ein Mann, der locker mein Großvater hätte sein können. Einer der drei auf dem Plakat angekündigten Iwans fehlte, einer war ein spießig aussehender Dreißigjähriger und der dritte (welcher tatsächlich den Vornamen Iwan trug) war ein altersloser Exjunkie oder Alkoholiker.

Mir stellte sich zwangsläufig die Frage, ob die Karriere als Campingplatzunterhaltungsmusiker wirklich den Wünschen und Erwartungen dieser drei Menschen entsprach. Dann legten sie los und überraschten uns mit Blues vom Allerfeinsten!

Ich hatte ein bisschen das Gefühl wie bei den Blues Brothers in der Szene, in der sie als «Good old boys» in einem Country Club vor dem falschen Publikum auftreten. Die Bühne, auf der die Musiker hier saßen, hatte zwar keinen Hühnerzaun (die Zuhörer warfen zum Glück auch keine Bierflaschen), sie erinnerte aber ebenfalls an eine Art erhöhtes Schaufenster. Die gepflasterte Tanzfläche war, bis auf ein paar alberne Kinder, die jeweils für ein paar Sekunden wild zappelnd darauf sprangen, leer. Dann kamen auf der Wiese noch circa zehn Meter Sicherheitsabstand hinzu, und erst dahinter war es gerammelt voll mit Zuhörern. Ich denke, der gesamte Campingplatz war anwesend – alle saßen sie im schicksten Trainingsanzug auf Decken und Campingstühlen, trauten sich nicht zu tanzen und betranken sich.

Für Willi machte das keinen Sinn. Er hörte Gitarrenblues, also forderte er zu einem Tanz auf, indem er meine Hand nahm und mich mit aller Kraft auf die Tanzfläche zog. Und Olivia wollte das, was Willi hatte, und ebenfalls auf unserem Arm «getanzt» werden. Also hüpften wir vier über das Parkett – und immer, wenn Matthias und ich nicht mehr konnten oder auch ein Bier trinken wollten, rockte Willi allein die Hütte. Mit erhobenen Händchen wanderte er in seiner ganz eigenen Art hin und her über die Tanzfläche und machte nur Halt, um sich bei irgendjemandem ein paar Pommes zu holen. Ich glaube, an diesem Abend waren alle neidisch auf unseren Sohn. Diesmal war ausnahmsweise er es, der etwas konnte, was alle anderen nicht konnten: nämlich sich frei von Ängsten oder Scham zur Musik zu bewegen, egal wie viele Leute zuschauten. Ein toller Typ, unser Willi – und wir durften mit!

Nur manchmal tat mir die Band etwas leid, deren ernst zu nehmende Musiker hier auf einem Campingplatz vor einer Horde verklemmter Wohnwagenbesitzer aufspielen mussten, und die Einzigen, die tanzten, waren ein paar abspackende Pubertierende und ein geistig Behinderter mit seiner kleinen Schwester und seinen Eltern.

Die Dänen mussten noch bis 23 Uhr saufen, bis sie sich endlich trauten, das zu tun, was Willi tat und was sie alle gerne getan hätten. Genau zum letzten Song stürmten sie die Tanzfläche.

Matthias und ich waren an diesem Abend so glücklich und stolz wie noch nie mit unseren beiden Kindern. Danke, Willi!

Sogar beim Sonnenaufgang war noch etwas von dem Glück zu spüren, und das soll echt etwas heißen, im Urlaub, um 4.30 Uhr morgens!

Er will doch nur spielen ...

Willi liebt Hunde. Aber nicht alle Hunde lieben Willi. Willi liebt es besonders, Hunde zu füttern. Das wiederum freut auch jeden Hund, den wir treffen. Aber verständlicherweise lieben es nicht alle Hundebesitzer, wenn ihr Liebling auf der Straße plötzlich von einem kleinen behinderten Jungen ein Eis ins Gesicht gedrückt bekommt. Ich achte immer schon darauf, dass Willi nichts in der Hand hält, wenn wir einem Hund begegnen, aber meist zaubert er aus seiner Backentasche noch ein zerkautes Stück Käsebrötchen, das er dem Hund hinwerfen kann. Das ist doch nur lieb gemeint! Wenn Willi aber wirklich gerade nichts Essbares zur Hand hat, versucht er mit Grashalmen, Steinen, Tannenzapfen oder Sand den Hund zu füttern. Und wenn der Hund sich weigert, dies in den Mund zu nehmen, wird Willi auch mal ungeduldig. Dann bewirft er das arme Tier wütend mit diesen Utensilien. Das findet dann niemand mehr lustig – ich übrigens auch nicht.

Wenn Willi aus der Ferne einen Hund sieht, packe ich ihn gleich am Kragen. Willi beherrscht die Kunst, seinen Körper im Bruchteil einer Sekunde zu Gummi werden zu lassen – eine sehr effektive Taktik, durch die es ihm meist gelingt, sich meinem Griff zu entwinden, um sich dann flach auf den Boden fallen zu lassen und dort blitzschnell einen Meter vorzurobben (sodass ich praktisch ins Leere greife). Diesen minimalen Vorsprung, der nun entsteht, weil ich erst aus der Hocke wieder hochkommen muss, nutzt er, um aufzuspringen und dem Hund entgegenzurennen. Mit den Händen fuchtelt er dabei euphorisch die Gebärde für «Ball». Willis größte Freude ist es, wenn er für einen Hund etwas werfen darf, was dieser dann zu ihm zurückbringt. Es gibt tolle Herrchen, die mir schon von Weitem ein Zeichen geben, ob es in Ordnung ist, wenn Willi sich dem Hund nähert oder nicht. Einige begleiten sogar das Spiel von Willi und ihrem Hund, sie lassen den Hund für ihn alle möglichen Dinge apportieren, sie setzen den Hund vor Willi hin, damit er ihn nach Herzenslust umarmen und sich auf ihn drauflegen kann, und einige machen Willi die Freude, ihm ein Leckerli nach dem anderen in die Hand zu drücken, welche er verfüttern darf (oder wahlweise selbst in den Mund steckt). Das ist für ihn das reine Glück!*

Leider ist es Willi schwer zu vermitteln, dass der nächste Hund, dem wir begegnen, es möglicherweise ganz und gar nicht mag, besprungen zu werden.

Ich und die Hundebesitzer haben berechtigte Angst, er könnte gebissen werden. Und viele Hunde haben wiederum berechtigte Angst vor Willi – sie klammern sich förmlich an die Beine ihrer Herrchen und flehen um Schutz vor diesem wilden Kerl. Willi beginnt auch Hunde zu schubsen, die nicht mit ihm spielen wollen. Er gibt ihnen im Vorbeigehen eins auf die Nase oder reißt ihnen am Fell. Neulich konnte ich deutlich sehen, dass er am

---

* Ich würde so gerne einen Hund für Willi anschaffen, aber ich müsste leider durchdrehen, wenn in unserem Haus noch irgendein Wesen auftaucht, mit dessen Kacke ich etwas zu tun habe!

Strand versuchte, einen Hund ins Wasser zu stoßen! Natürlich versuche ich das alles nach Kräften zu verhindern, und ich muss zugeben, dass ich noch keinem Hund begegnet bin (außer vielleicht den beiden Möpsen unserer Nachbarn), der auch nur annähernd so schlecht erzogen ist wie mein Sohn. Ich bin nur froh, dass er bis jetzt noch keinen Hund gebissen hat.

Ich warte auf den Tag, an dem die Hundebesitzer mich schon aus der Ferne anschnauzen, dass ich Willi gefälligst an die Leine nehmen soll. Leider werde ich dann nicht guten Gewissens zurückrufen können: «Keine Angst, er tut nichts!»

Übrigens sind meine verzweifelten Erziehungsversuche bei Willi den in der Hundeerziehung üblichen Vorgehensweisen nicht ganz unähnlich. Ich habe ein 300 Seiten langes Buch über «angewandte Verhaltenstherapie» studiert und am Ende feststellen müssen, dass das, was dort «positive Verstärkung» genannt wird, nichts anderes ist als das «Leckerli-Prinzip»: Wenn mein Kind sich auf meinen Appell hin auf seinen Stuhl setzt, lobe ich es überschwänglich und überreiche ihm als Belohnung zum Beispiel ein Stückchen Schokolade. Nur lernt Willi leider nicht so schnell wie ein Hund, sonst wären wir wohl schon um einiges weiter.

Zum Glück hat er bei den Hundebesitzern den Behindertenbonus (und ich habe zum Glück den Behindertenmamabonus), sonst wären wir bestimmt schon angezeigt worden. Die Herrchen sind im Umgang mit einem behinderten Kind zwar wie die meisten Menschen erst einmal verunsichert, aber ihm im Allgemeinen eher noch freundlicher zugewandt als einem normalen Kind gegenüber.

Nur manche Herrchen reagieren geradezu hysterisch auf meinen unangeleinten Willi. Es nervt mich dann unendlich, wenn ihnen die Panik ins Gesicht geschrieben steht, nur weil mein Willi ihrem kleinen Köter ein kleines bisschen Sand auf den Kopf schaufelt oder sein weißes Fell mit seinen schmutzigen Fingern berührt. Und auch wenn das geliebte Hündchen angeblich kein glutenhaltiges Getreide verträgt (außer wahrscheinlich Dinkel), muss man nicht gleich ausflippen wegen ein paar Krümelchen Waffel aus Willis Hand! Am liebsten möchte ich dann auch mal etwas sagen wie: «Er will doch nur spielen.» Oder: «Oh, sorry, so was macht er sonst nie …»

Ach, und übrigens: Ich mache es weg, wenn mein Sohn einen Haufen macht, das möchte ich hier einmal deutlich sagen!

Lebst du noch –
oder funktionierst du schon?

Manchmal habe ich das Gefühl, dass ich das alles nicht schaffe.

Das alles, das ist die dauerhafte Belastung durch das behinderte Kind, das ist der Wunsch, auch dem nicht behinderten Kind voll gerecht zu werden, das ist meine Berufstätigkeit, die Pflege von Partnerschaft, Freundschaften, Gruppen, Vereinen, das ist der Haushalt, die Steuer, Anträge und Widersprüche bei der Krankenkasse, der Behördenkram – und die unendlich vielen kleinen und größeren Dinge, die im Alltag anfallen. Ach ja, natürlich sollte ich auch dringend etwas für mich tun!

Etwas für mich tun. Manchmal weiß ich gar nicht, wer das ist: *ich*. Manchmal habe ich jegliches Gefühl dafür verloren, was es überhaupt sein könnte, was ich für mich tun möchte. Das sind dann keine schönen Zeiten. Seit ich wieder in meinem Beruf als Illustratorin und Autorin arbeite, ist mein Ich wieder mehr zu mir zurückgekehrt, auch wenn ich spüre, wie sehr die Last des Alltags auf mein Ich drückt, aber immerhin spüre ich etwas. Das ist schon mal gut.

Übrigens muss man kein behindertes Kind haben, um mit dem Leben überfordert zu sein. Objektiv gesehen habe ich sogar noch Glück, denn ich *darf* wenigstens jammern darüber, wie anstrengend alles ist.

Meine Mutter hatte mit dreißig Jahren schon vier Kinder (ein Alter, in dem ich noch munter mit Selbstfindungsreisen beschäftigt war und mir von ihr weiter meine Wäsche waschen ließ). Ich kann mich nicht erinnern, dass sie sich mal beklagt hat (außer darüber, dass sie uns alles hinterherräumen musste). Sie hatte keinen Beruf oder Hobbys, in denen sie sich hätte «verwirklichen» können, sie war einfach so wirklich. Meine Mutter war nie krank, hatte nie ein eigenes Zimmer und war definitiv nie allein im Urlaub, zur Massage, Shoppen oder beim Friseur, um sich mal «was Gutes» zu tun. Und trotzdem habe ich das Gefühl, dass meine Mutter vielleicht zufriedener war als die meisten Mütter, die ich heute so treffe.

Wenn ich meine Mutter frage, wie es ihr damals ging, zuckt sie ratlos die Schultern. Und auf die konkrete Frage, ob sie nicht sehr erschöpft gewesen ist, antwortete sie mir: «Ja, sicher war ich manchmal müde, aber das vergisst man ja auch wieder.» Ich persönlich kann mir nicht vorstellen, dass ich den Grad der Müdigkeit aus den ersten zweieinhalb Lebensjahren meiner Tochter jemals vergessen werde, als sie jede Nacht bis zu zehnmal aufgewacht ist! Ich habe das mal hochgerechnet: Ich bin mit zwei Kindern im Schnitt ein- bis zweimal nachts wach. Das macht bei vier Kindern also vier- bis achtmal und die Säuglingszeit ist da noch nicht in der Rechnung mit drin! Das kann sie doch nicht vergessen haben! Bitte sehr, beim besten Willen nicht!

Wenn ich versuche, ihr zu entlocken, dass sie aber sehr gelitten haben muss, sagt sie höchstens: «Das war eben so, wir kannten doch gar nichts anderes.»

Meine Mutter hat einfach immer «funktioniert» – so wie ich heute, nur dass ich diesen Zustand oft unerträglich finde und sie ihn einfach hingenommen hat.

Vielleicht liegt genau hier der Knackpunkt. Wir erwarten von unserem Leben heute etwas anderes als die Generation unserer Eltern. Wir Mütter heute wollen perfekt sein und das perfekte Kind haben, wir wollen tolle Jobs haben, in tollen Wohnungen wohnen, selbst toll aussehen, tolle Partnerschaften führen, tolle Urlaube machen, toll feiern gehen und dabei bitte auf keinen Fall gestresst wirken, Cellulitis am Hintern oder Falten im Gesicht bekommen! Ständig habe ich das Gefühl, eine Fehlkonstruktion der Natur zu sein, weil mir die acht Arme fehlen, um alles, was getan werden muss, zu schaffen. Ständig denke ich, ich müsste mich in vier Teile teilen, um auch nur annähernd allen gerecht zu werden. Es ist doch kein Zustand, dass mein Tag 48 Stunden lang sein müsste, um alles hinzubekommen, was ich mir vornehme. Um mich herum höre ich von vielen Müttern, dass sie sich ständig im gleichen Ausnahmezustand befinden, ganz ohne einen Willi.

Wir sind die Opfer unserer eigenen Ansprüche an unser Leben. Man *kann* das alles nicht schaffen!

Hat sich meine Mutter damals gefragt, ob sie eine gute Mutter war? Ich denke nicht, sie war eben einfach Mutter – und genau das war gut. Ich dagegen will eine gute Mutter sein *und* auch noch mein eigenes Leben haben. Dabei ist das Muttersein doch mein eigenes Leben, warum begreife ich das nicht? Meine Mutter war wahrscheinlich nicht glücklicher, als ich es heute bin. Und ich will auch gar nicht tauschen, denn eines ist sicher: Mit einem behinderten Kind habe ich es heute definitiv viel einfacher, als meine Mutter es in den Siebzigern gehabt hätte! Und ich muss weinen vor Schmerz, wenn ich an das Leid der Mütter denke, die noch eine Generation vorher in Hitlerdeutschland einen kleinen Willi bekommen haben.

Trotzdem – ich beneide meine Mutter schon manchmal, dass sie in einer Zeit gelebt hat, in der man Babys nicht im Mutterleib untersucht hat, in der man nicht dachte, man müsse seinen Kindern zu Hause nach dem Kindergarten noch «etwas bieten», und in der man mal einen Kaffee trinken gehen konnte und sich dabei nicht entscheiden musste, ob man seinen «Iced Caramel Macchiato» mit doppeltem Espresso und fettfreier Sojamilch «Tall», «Grande» oder «Venti» haben möchte ...

Der neue Down-Syndrom-Bluttest
ist lebensgefährlich

Vor einigen Monaten ist ein neuer Test auf den Markt gekommen, durch den man mit ein paar Tropfen Blut einer Schwangeren mit sehr hoher Wahrscheinlichkeit eine Trisomie 21 vorhersagen kann. Er nennt sich «PraenaTest», aber fast alle sagen Down-Syndrom-Test, denn er wurde im Prinzip speziell für die Diagnostizierung des Down-Syndroms entwickelt (wirtschaftlich gesehen eben einfach der größte Markt). In Zukunft sollen aber durch diesen Test eine ganze Reihe von Wahrscheinlichkeiten für Genveränderungen und Krankheiten bei Ungeborenen bestimmt werden können.

Der Vorteil des neuen Bluttests soll sein, dass er vollkommen ungefährlich ist für Mutter und Fötus. Die Entwickler und finanziellen Förderer[*] dieses Tests preisen ihn, weil durch ihn das Leben vieler Kinder gerettet werde, die bei einer Fruchtwasseruntersuchung durch eine Fehlgeburt sonst gestorben wären.

Ich finde es absolut scheinheilig zu behaupten, der neue Bluttest solle Leben retten, denn für alle Babys mit Down-Syndrom wird er definitiv lebensgefährlich sein! Ich bin keine Abtreibungsgegnerin, es ist ein wichtiges Recht,

[*] Das Bundesministerium für Forschung und Bildung hat sich meines Wissens nach mit 224.000 Euro an der Entwicklung des PraenaTest beteiligt: Steuergelder!

diese Entscheidung treffen zu können. Ich denke aber, dass wir Frauen heute noch mal genau prüfen sollten, ob es stimmt, wenn wir sagen: «Mein Bauch gehört mir!» Gehört er uns wirklich, wenn uns Kassen und Ärzte erfolgreich suggerieren, dass man all die Vorsorgeuntersuchungen machen muss, bei denen geschallt, gemessen und geprüft wird, um jede Abweichung von der Norm sofort zu vermelden und die Schwangere damit zu verunsichern? Müttern wird an allen Ecken und Enden ein schlechtes Gewissen gemacht, wenn sie nicht jede zur Verfügung stehende Untersuchung wahrnehmen, auch wenn sie keine Kassenleistungen sind: Immerhin geht es um das Wohl eines Kindes! Die Mütter sollen beruhigt werden und wollen hören, dass alles gut ist, und daran verdient jemand Geld.

Die dadurch entdeckten Babys mit Down-Syndrom werden fast alle abgetrieben! Wo sind denn da die ganzen Leute, die angeblich das Leben von Kindern schützen wollen? Es geht nämlich nur um den Schutz nicht behinderter Kinder! Es gibt eben zwei «Klassen» von Leben und das behinderte Leben ist demnach nicht schützenswert, nicht einmal lebenswert. So hart das klingt, in der Praxis ist es so.

In dem Heft *Leben mit Down-Syndrom* wurde einmal eine Studie vorgestellt, in der Frauen, die ihr Kind mit Down-Syndrom abgetrieben haben, und welche, die es ausgetragen haben, rückblickend auf ihre Zufriedenheit mit dieser Entscheidung befragt wurden. Alle befragten Frauen, die ihr Kind abgetrieben hatten, beschrieben ihre Lebensqualität durch diese Entscheidung als stark eingeschränkt. Dabei denke ich, dass sie durch die Abtreibung eben genau das vermeiden wollten, nämlich dass ihre Lebensqualität durch ein behindertes Kind beeinträchtigt wird. Keine einzige Frau dieser Gruppe schätzte es so ein, dass die Entscheidung positiv für ihre Partnerschaft oder für Geschwisterkinder gewesen sei.

Zeigt jemand den werdenden Müttern diese Studie, wenn sie vom Arzt die Diagnose Trisomie 21 bekommen und denken, dass sie das ihrer Ehe oder ihren anderen Kindern nicht zumuten können? Wohl nicht. Kein Arzt will später haftbar gemacht werden für den Schadensfall «behindertes Kind».

Wo sind denn die Eltern, die vor Gericht gehen, weil ihnen niemand gesagt hat, dass Familien mit behinderten Kindern statistisch gesehen gar nicht unglücklicher sind als andere Familien? Warum klagen die Frauen nicht auf Schmerzensgeld, weil ihnen niemand gesagt hat, wie schwer es wird, mit dieser Last zu leben, ein Wunschkind aufgrund einer Behinderung abgetrieben zu haben? Ich fürchte, den Frauen bleibt nur die Möglichkeit, diese schreckliche Erfahrung zu verdrängen. Manchmal frage ich mich, wenn mir jemand nicht in die Augen blicken kann oder wenn eine Mutter auf einem Spielplatz mit ihrem Kind vor uns zu flüchten scheint, ob sie vielleicht eine von denen ist, die zu viel Angst vor dem «Leid» eines behinderten Kindes hatte. Und nun muss sie mit ansehen, wie ein glücklicher Willi lauter lachend die Rutsche herunterkommt als irgendein anderes Kind.

Und dann wiederum, wenn Willi in der Öffentlichkeit eine Riesenszene macht, Teller zerdeppert, schreit und schlägt und ich vollkommen entnervt und gestresst um ihn herumhüpfe, frage ich mich auch, ob jetzt so manche Mutter denkt: Ein Glück, das habe ich mir erspart ...?

Hilfe, Wochenende!

Es geht mir schlecht: Es ist Wochenende, mein Mann arbeitet. Darf man das überhaupt als Mutter zugeben, dass man an Wochenenden allein mit den Kindern vollkommen überfordert ist? Ich gebe es zu: Ab Samstagnachmittag fange ich an, die Stunden zu zählen, bis das verdammte Wochenende vorbei ist, und die Minuten, bis ich die Kinder ins Bett bringen kann. Unglaublich, wie lange die Stunde von 16 bis 17 Uhr dauern kann! Geht das Müttern mit nicht behinderten Kindern auch so? Und wie machen das denn die Alleinerziehenden? Und erst die Alleinerziehenden mit behinderten Kindern???

Ich rufe immer spätestens am Samstagabend meine eigene Mutter an und jammere ein wenig herum. Ich kann mich darauf verlassen, dass mein Vater dann am Sonntag mit mir und den Kindern einen tollen Ausflug in den Wildpark machen wird, statt – wie ursprünglich geplant – seinen Garten zu beackern. So auch an diesem Wochenende.

Der Sonntag fängt extrem gut an, beide Kinder schlafen bis 8 Uhr (was vielleicht daran lag, dass ich sie erst um 22 Uhr ins Bett bekommen hatte, obwohl – eine Garantie für Ausschlafen ist das nicht, wie alle Eltern wissen). Ich bin bester Dinge. Beide Kinder baden wundersamerweise friedlich zusammen, sogar ohne dass Willi ins Badewasser kackt. Ich kann mir einen Kaffee machen (yes!) und sogar den Teig für einen Hefezopf zusammenkneten. Ich weiß allerdings nicht, welcher Teufel mich da geritten hat, denn ich hätte mich in dieser halben Stunde einfach schnell anziehen und die Sachen für unseren Ausflug zusammenpacken müssen! Das werde ich wohl nie lernen, mir mal weniger vorzunehmen. Statt unterwegs einfach eine Portion Pommes zu holen, muss ich unbedingt zwanghaft vor einem Ausflug stundenlang Salate, Brote und Kuchen machen. Mein Mann hasst mich dafür. Doch mein Mann arbeitet. Salat und Frikadellen hatte diesmal meine Mutter angekündigt (von irgendwoher kommen solche Störungen ja auch), also musste ich natürlich unbedingt noch etwas backen!

Als beide Kinder zwei Stunden später angezogen, abgefrühstückt und mit geputzten Zähnen erwartungsvoll dem Tagesprogramm entgegenfiebern, ist zwar der Hefeteig wunderbar aufgegangen, aber ich selbst bin noch im Schlafanzug, Esstisch, Küche und der Fußboden sind völlig eingesaut und ich habe noch keine Getränke, Windeln und Wechselklamotten gepackt, keine Kindersitze im Auto befestigt, noch keinen Löwenzahn gepflückt zum Tierefüttern und es ist auch kein Opa Horst in Sicht.

Also zücke ich meine aktuelle Geheimwaffe: die Kleine-Maulwurf-DVD!

In dem nun entstandenen Zeitfenster schaffe ich es immerhin, den Hefezopf in den Backofen zu bekommen und schon ein paar Sachen zusammenzusuchen, bis mein Vater an der Tür klingelt. Die Kinder wollen nun sofort los und flippen beide komplett aus. Unter Schreien werden angezogene Klamotten wieder ausgezogen, in die Tasche Gepacktes wieder herausgerissen, geworfen, geschubst und gehauen ... Olivia bekommt einen Weinkrampf, weil sie plötzlich ein anderes Kleid anhaben will, Willi erblickt den Hefezopf im Backofen und erleidet einen Zusammenbruch, weil er ihn *sofort* essen möchte, und mein Vater sagt, er gehe mal schnell Futter für die Tiere holen, und verschwindet. Die folgenden zwanzig Minuten lassen mich mindestens zwei Jahre altern! Ich beknie meine Kinder, mich ein paar, wirklich nur ein paar Minuten in Frieden zu lassen, damit ich mir etwas überziehen kann. Aber natürlich ist das zwecklos. Ich raffe schnell die wichtigsten Dinge für unterwegs zusammen und stelle sie vor die Haustür.

Nebenbei versuche ich meine Kinder zu beruhigen, wobei ich so gereizt werde, dass ich eigentlich selbst auch nur noch herumschreie. Ich bin wütend. Ich bin genervt. Mein Mann arbeitet.

Als mein Vater wieder auftaucht, kann ich wenigstens die brüllende Olivia schon mal aus dem Haus schieben. Dann renne ich schweißgebadet nach oben, schnell Zähne putzen, anziehen und beten, dass unten nichts passiert. Ich kann Willi nicht hören, das ist kein gutes Zeichen. Als ich runterhetze, sitzt er mit der Puzzle-Schublade auf der Terrasse und wirft zufrieden eine Handvoll Teile nach der anderen die Böschung hinunter. Ich weiß gar nicht, ob ich weinen oder lachen soll. Egal, den Rest der Schublade kippe ich selbst in den Steingarten und verschließe die Terrassentür, sodass Willi vom Garten nicht zurück ins Haus kann, um vielleicht noch ein echtes Unheil anzurichten. Schnell den viel zu dunklen Hefezopf aus dem Backofen holen, beide Sitze ins Auto packen, die zufriedene Olivia anschnallen, jetzt nur noch Willi einsammeln ... Der aber sitzt, ebenfalls sehr zufrieden, in voller Montur im Planschbecken, aus dem ich am Vortag nicht das Wasser herausgelassen habe (macht immer mein Mann, aber der arbeitet). Da muss ich dann schon ein bisschen weinen. Als ich mit ihm frisch angezogen beim Auto ankomme, hat Olivia sich gerade im Sitz eingepinkelt, aber das ist dann auch schon egal. Ich lache und denke: Nur noch sieben Stunden, bis die Kinder ins Bett gehen (zu diesem Zeitpunkt weiß ich zum Glück nicht, dass es zehn Stunden dauern wird). Aber im Wildpark, da war es richtig schön!

Nachtrag: Als wir zurückkommen, ist sogar mein Mann da, aber er kann nicht helfen beim Zubettbringen, er ist zu kaputt, denn er hat das ganze Wochenende gearbeitet.

Gebt mehr Küsse! Oder:
Ich liebe meinen kaputten Mercedes

Kinder mit Down-Syndrom sind für ihre liebevollen Begrü-
ßungen ja geradezu berührnt! Wenn Willi allerdings vom
Kindergarten kommt und ich ihn mit ausgebreiteten Armen empfange, läuft er eigentlich immer freudig lachend
direkt an mir vorbei zu seinem CD-Spieler …

Ich finde es eine absolute Frechheit, dass mein Kind
diese angebliche Kuschelbehinderung hat, aber nicht jederzeit mit mir kuscheln will! Doch wann immer Willi eine
seiner seltenen Kuschelattacken auf mich loslässt, genieße
ich sie in vollen Zügen. Ich muss aber dabei schon aufpassen, dass er mir nicht versehentlich das Genick bricht,
wenn er versucht, meinen Kopf in die optimale Position
zu bringen, sodass er mich dann nach Herzenslust abküs-
sen kann (neutral betrachtet, handelt es sich wohl eher um
ablecken). Wenn Willi fertig ist, werde ich sofort abrupt
weggestoßen, und er geht wieder seiner Wege, als sei nichts
passiert. Olivia kommt bei uns zu Hause am häufigsten in
den Genuss seiner Liebe. Aber sie ist auch die, die es am
wenigsten freut, wenn Willi sich auf sie wirft, denn sie fällt
dann einfach um.

Bei vielen anderen Kindern mit Down-Syndrom trifft
das Kuschelklischee allerdings voll und ganz zu. Ich bin etwas neidisch auf diese Familien. Aber natürlich (wie könnte
es anders sein) sind jene Eltern damit auch nicht zufrieden.
Es macht ihnen große Sorgen, wenn ihre Kinder fremden

Menschen gegenüber zu distanzlos sind. Sie wollen einerseits ihre Kinder schützen, aber auch die Menschen respektieren, die keine Lust haben, von einem wildfremden Behinderten auf der Straße plötzlich abgeleckt zu werden. Deswegen trainieren sie oft schon von klein an, dass man nicht jeden Unbekannten küssen und umarmen darf. Ich denke, unserer Gesellschaft geht da echt was verloren, wenn diese Eltern wider Erwarten bei ihrer Erziehung Erfolg haben sollten. Natürlich ist ihr Bemühen verständlich, besonders vor dem Hintergrund der erschreckend hohen Zahl von Missbrauchsfällen an behinderten Menschen.

Ich bin in einem Down-Syndrom-Netzwerk, in dem wir uns als Eltern zusammentun, weil viele von uns die gleichen Alltagsprobleme haben (wie eben zum Beispiel das Abknutschen unbekannter Menschen). Wir Eltern von Kindern mit Down-Syndrom sind eher nicht in «normalen» Elternnetzwerken unterwegs, weil wir die «Luxusprobleme» der Eltern dort nur schwer ertragen können. Und wir sind auch meist nicht in den Netzwerken allgemein schwer behinderter Kinder aktiv, weil wir dort beschimpft werden, unsere Kinder hätten nur eine «Luxusbehinderung» ... Den Spruch «Das Down-Syndrom ist der Mercedes unter den Behinderungen» habe ich schon öfter gehört.

Mit Willi haben wir das Glück (oder wohl eher das Pech), durch gleich mehrere Syndrome auch gleich in mehreren Selbsthilfegruppen willkommen zu sein (er ist also im Prinzip zwar ein Mercedes, aber mit Motorschaden, da nutzt die Marke nicht viel) – mir reicht allerdings eine Gruppe. Außerdem haben wir ja auch noch eine nicht behinderte Tochter. Ich könnte also auch in den normalen Elternforen surfen, aber bei Olivia hatte ich noch nie das

Bedürfnis dazu (wenn mich auch die Luxusprobleme mit einer Dreijährigen, die jeden Tag *unbedingt* eine Krone und dazu ein bodenlanges Kleid anziehen muss, ganz schön an die Grenzen meiner nervlichen Belastbarkeit bringen).

Einmal fühlte ich mich in der Down-Syndrom-Gruppe sehr beleidigt, weil man mir nahelegte, nicht so viel öffentlich über Willi zu schreiben, da er das Ansehen von Menschen mit Down-Syndrom beschädigen würde. Wörtlich hieß es, es seien ja nicht alle Kinder «so schlimm» wie Willi und ich würde «jahrelange positive Aufbauarbeit zerstören». Ich persönlich sehe nicht ein, dass ich mit meinem Mercedes nicht hupen darf, nur weil er nicht gut repräsentiert! Natürlich sahen das nicht alle Teilnehmer so, aber ich merkte doch, dass ich mich sehr gekränkt fühlte. Der Grund dafür lag nicht nur darin, dass mein wunderbarer Willi mit dem Wort «schlimm» diskriminiert wurde, sondern ich verlor eine Weile das Zugehörigkeitsgefühl zur Gruppe. Mir war gar nicht klar gewesen, wie gut es mir tat, dass dort ein Ort war, an dem ich und mein Sohn Willi ganz normal dazugehörten mit all unserem Irrsinn. In diesem geschützten Raum angegriffen und von anderen «betroffenen» Eltern aufgefordert zu werden, ein tief begabtes Kind mit Down-Syndrom wie Willi besser zu verstecken (zugegeben, jetzt übertreibe ich etwas), damit die Öffentlichkeit bitte nur von den hoch begabten Behinderten erfahren sollte, löste in mir den Impuls aus, schmollend die Gruppe zu verlassen. Ich habe es nicht getan. Genauso wenig wie ich aufgehört habe, von Willi zu schreiben. Von anderen Müttern besonderer Kinder mit unklaren oder extrem seltenen Diagnosen weiß ich, dass es ein großes Glück ist, so eine große Gemeinschaft zu haben. Wir müssen nur eben auch innerhalb der Gruppe akzeptieren lernen, wie unterschiedlich Menschen sind, selbst die mit den gleichen Behinderungen.

Ein anderer guter Grund, weshalb ich in der Down-Syndrom-Mailingliste weiter Mitglied bin (neben den unglaublich kompetenten medizinischen Tipps), sind die wunderbaren Geschichten, die die Eltern von ihren Kindern erzählen. Manchmal sind sie traurig, wenn etwa ein Mädchen allabendlich vor dem Einschlafen weint und sagt, sie wolle nicht mehr behindert sein. Manchmal sind sie wunderbar skurril, so wie die entrüstete Antwort des Jungen, der gefragt wurde, was er später einmal werden möchte: «Gar nichts, ich möchte bitte Timo bleiben!» Und viele Geschichten sind einfach nur schön und handeln eben auch immer wieder davon, dass Kinder mit Down-Syndrom wildfremde, bekümmert wirkende Menschen an sich drücken oder völlig unbekannte, weinende Kinder auf der Straße trösten. Und immer wieder erfahre ich auch, dass es nicht nur an mir liegt, dass Willi so erziehungsresistent ist, und das tut auch gut. Neulich las ich von einer Mutter, dass sie im Urlaub ihrem Sohn versuchte einzuhämmern, dass man fremde Menschen nicht zur Begrüßung abküsst und umarmt, sondern ihnen einfach nur die Hand gibt. Solche Dinge muss man einem Kind mit Down-Syndrom nicht etwa mehrmals sagen, nein: unendlich viele Male, wenn sie überhaupt irgendeinen Effekt haben sollen. Und tatsächlich hatte diese Mutter Erfolg, allerdings mit der Konsequenz, dass ihr Sohn beim ersten Strandbesuch morgens gut zwei Stunden damit beschäftigt war, alle fremden Menschen schön in Ruhe und der Reihe nach mit Handschlag zu begrüßen ... Übrigens war der Knabe überzeugt, am nächsten Tag schon wieder alle Leute knutschen zu dürfen: «Aber Mama, die kennen wir doch von gestern!»

Gleiches Recht für alle!

Neulich hat mich ein Freund mit einem Behindertenwitz überrascht: «Was ist rosa und behindert? – Ein Flamongo!» Und wissen Sie was? Ich musste echt lachen.

Natürlich darf man das gar nicht machen, einen Behindertenwitz! Ist ja klar, und seit ich ein behindertes Kind habe, kann ich mich auch nicht daran erinnern, einen Behindertenwitz gehört zu haben. Also habe ich schnell mal «Behindertenwitze» gegoogelt und fand als Erstes mehrere Seiten von behinderten Menschen, die jeweils Witze über ihre spezielle Behinderung sammeln.

Ich habe eine Seite «Rollstuhlfahrerwitze» durchgelesen, und einige waren sogar ganz lustig. Sie wollen sicher jetzt auch einen lesen – oder? Na gut:

Trifft ein Mantafahrer einen Rollstuhlfahrer.

Fragt der Mantafahrer: «Ey, sach man, wie schnell fährt denn deine Karre?»

Darauf der Rollstuhlfahrer: «6 Kilometer pro Stunde.»

Der Mantafahrer: «Na, dann kannste ja gleich zu Fuß gehen.»

Genau genommen ist das ja ein «Mantafahrer-Witz». Die darf man natürlich auch nicht diskriminieren. Von den Blindenwitzen kannte ich schon eine Menge, denn als ich Kind war, waren sie in Mode. Ich fand jetzt den vom

Sesambrötchen, das Blinde so gerne essen, weil da so schöne Geschichten draufstehen, nicht mehr richtig lustig.

Aber anscheinend darf man ja doch Behindertenwitze machen, wenn schon die Behinderten selbst Witze über sich verbreiten. Oder dürfen nur die Betroffenen solche Witze machen? Ich muss ehrlich sagen, wenn ich mit Willi einen Bus betreten würde und neben uns würde eine Gruppe Pubertierender den Flamongowitz erzählen und dann in lautes Lachen ausbrechen, wäre ich echt sauer. Und wenn mein Sohn eines Tages spüren sollte, dass da über ihn gelacht wird, mein Gott, dann weiß ich gar nicht, was ich tun würde.

Zurzeit kann ich noch relativ unauffällig kleinere Konflikte mit bescheuerten sozial-behinderten Kindern auf dem Spielplatz lösen. Neulich war da eine fremde Göre, die nichts Besseres zu tun hatte, als Willis Spiel zu zerstören, ihm die Rutsche zu blockieren und mir zu erzählen, was sie alles besser konnte als «der da». Ihre Mutter stand am Rand der Szene und kümmerte sich nicht. Nachdem ich erfahren hatte, dass das Kind hübscher aussehe, viel toller klettern und viel schöner gehen und überhaupt viel besser sprechen könne als mein Willi, konnte ich mir (ehrlicherweise, aber pädagogisch sicher weniger wertvoll) nicht verkneifen, ihr zu erwidern: «Ich find dich trotzdem Scheiße.» Mich hat das übrigens sehr aufgemuntert, noch jetzt muss ich lachen, wenn ich daran denke. Wir sind dann aber trotzdem lieber nach Hause gegangen.

Olivia wurde in meiner Gegenwart neulich zum ersten Mal von einem anderen Kind angesprochen, das mit einem Finger auf Willi zeigte und fragte: «Ist der da dein Bruder?» Für Olivia war das eine ganz normale Frage, die sie mit einem stolzen «Ja» beantwortete, dann spielte sie weiter. In meinen Gedanken sah ich vor mir, wie sie eines Tages vielleicht einmal für ihren behinderten Bruder gehänselt und ausgelacht werden würde. Ich hätte weinen können über den hämischen Tonfall, in dem Olivia die Frage nach ihrem Bruder gestellt wurde, aber auch vor Glück über ihre selbstverständliche Antwort. Für Olivia ist der Begriff «behindert» bis jetzt überhaupt nicht negativ belegt. «Mein Bruder ist behindert» klingt aus ihrem Mund nicht anders als «Mein Bruder hat einen blauen Pulli» – und das ist wahrlich eine Kunst!

Zu Hause lachen wir selbst oft und viel über die absurdesten Dinge, die Willi so macht – und er lacht immer mit. Wenn zum Beispiel die beiden Möpse von unseren Nachbarn in den Garten laufen, dann macht Willi *jedes* Mal die Gebärde für Katze, darüber kann ich mich schlapplachen. Und wenn er (mal wieder) eine Blumenvase umkippt und (während ich motzend ein Handtuch hole) ganz bemüht den Strauß wieder ins Wasser zurückstopft (allerdings mit den Blüten nach unten), mit einem sehr zufriedenen «so» das Ganze in die Pfütze auf den Tisch knallt und abmarschiert, dann ist das einfach nur witzig.

Aber die besten Witze schreibt immer noch das Leben selbst. Als wir neulich im Zoo waren, zeigte Olivia auf die rosa Vögel und rief begeistert: «Schau mal, Mama, Flamongos!» Das war für uns noch um Längen lustiger als der Witz selbst.

Als Christoph Schlingensief 2005 unter dem provokanten Titel «Freak Show 3000» eine Art Castingshow mit geistig Behinderten produzierte, fand ich das vollkommen unmöglich. Heute sehe ich das tatsächlich anders, denn immerhin rückte er Menschen vom Rande der Gesellschaft in deren Mitte. Wenn «anders sein» normal ist, dann darf man auch darüber lachen. Natürlich sollte niemand dabei verletzt werden. Aber wenn man immer nur Rücksicht nimmt, kann man zum Beispiel einen Text wie diesen gar nicht schreiben. Irgendeiner fühlt sich immer diskriminiert und auch diesmal werde ich sicher ein paar Briefe von beleidigten Mopsbesitzern bekommen.

Neulich habe ich ein Zitat von Herbert Feuerstein gelesen und dem möchte ich mich anschließen: «Auch Behinderte haben ein Recht, verarscht zu werden.» Gezeichnet, die Flamongomutti.

Bei uns piepst's total!

Eines Tages hat die Welt angefangen zu piepsen. Und ich weiß sogar genau, wann das war: Es war Juni 1981 – und mein Bruder hatte eine Digitaluhr zum Geburtstag bekommen. Mit Stoppuhr und Countdown. Wenn der Countdown abgelaufen war, piepste die Uhr. Zu jeder vollen Stunde machte sie «piep». Sein ganzer Stolz. Wenn man Anfang der 80er-Jahre im Theater saß, konnte man zur vollen Stunde bei leisen Passagen eine ganze Reihe von Piepsern hören, denn Digitaluhren waren voll in Mode. Mich faszinierte, dass die Uhren nie gleichzeitig piepsten, dachte ich doch bis dahin, die Uhrzeit sei immer und überall gleich.

Mein Vater war schon immer dem Zeitgeist voraus und von der Piepserei bereits damals genervt. Mein Bruder musste seine Uhr vor dem Theater oder Konzert ablegen. Allerdings hatte mein Vater bald ebenfalls eine Digitaluhr und vergaß selbst, sie vor der Oper abzumachen, sodass man auch von ihm zur vollen Stunde ein «Piep» hörte und direkt danach von meiner Mutter ihr legendäres «Ach Horst!».

Aber selbst Opa Horst hätte nicht geahnt, dass die Welt in den nächsten dreißig Jahren so massiv anfangen würde zu piepsen. Als Nächstes hörten die Wecker auf zu klingeln und begannen zu piepsen. Damit erkläre ich mir auch meine starke Abneigung gegen dieses Geräusch: Tief in mir ist die Assoziation eines warmen Bettes im Winter, aus dem ich mich als pubertierender Teenager herausquälen muss, um rechtzeitig zur Frühstunde Sport in die eiskalte Turnhalle zu hetzen.

Bei meinen Eltern zu Hause zogen als Nächstes piepsende Eieruhren ein, damit die Kartoffeln nicht zu lange unter Druck standen, denn mein Vater spart gerne Strom. Auch darin war er seiner Zeit voraus, denn täglich hörten wir mindestens einen Vortrag darüber, dass man sicherlich mehrere (wenn nicht sogar alle) Atomkraftwerke in der Welt abschalten könnte, wenn jeder von uns beim Verlassen eines Raumes das Licht ausmachen würde. Doch da mein Vater schon damals keine hohen Frequenzen mehr hören konnte, piepsten die Eieruhren meist minutenlang vor sich hin und die Eier waren immer hart und der Dampfdrucktopf für einen echten Stromsparer immer zu lange unter Druck. Wenn meine Mutter ihn dann vor dem Essen mit kaltem Wasser überlaufen lassen musste, um ihn öffnen zu können, wurde mein Vater böse und meine Mutter sagte: «Ach Horst!»

Dann kamen die Mobiltelefone und die Welt piepste überall und durchgängig: in der U-Bahn, im Kino, sogar auf Wanderungen in der Wildnis! Wenn von mir mal jemand unter Folter ein Geständnis erzwingen will, müsste er mich nur möglichst müde neben zwei Vierzehnjährige setzen, die ausprobieren, welche Klingeltöne ihre Handys haben – ich würde alles gestehen!

Und seit auch mein Vater ein Handy besitzt, kann man davon ausgehen, dass es in jedem Vortrag und auf jeder Beerdigung klingelt, gefolgt von einem wahrhaft gequälten «Ach Horst!» meiner Mutter.

Und dann bekamen mein Mann und ich ein Kind. Und dieses Kind war krank, schwer krank, und die ersten sechs Monate lebten wir im Krankenhaus und dort blinkte und piepste *alles*. Ein fürchterliches, lautes Piepsen, das die Geräte von sich gaben, an denen unser kleiner Sohn Willi vierundzwanzig Stunden angeschlossen war. Es ging uns durch Mark und Bein. Es machte jegliche Entspannung unmöglich, sogar in den Momenten, in denen es dem Kind gut ging, denn die Fehlalarme der Geräte waren noch häufiger als die echten Alarme. Ich will gar nicht schreiben über diese Zeit, in der es Willi so schlecht ging, denn es war, als würde man mir das Herz aus dem Leib reißen. Anders kann ich es nicht beschreiben.

Sie können sich also denken, dass dieser Abschnitt unseres Lebens mein Verhältnis zu Gepiepse nicht gerade verbessert hat!

Und zwei Jahre später stellt sich doch tatsächlich heraus, dass Willi gerade nur das Spielzeug liebt, das blinkt, und vor allem, das piepst! Sogar Willis Bücher piepsen! Natürlich haben wir das Zeug nicht selbst ins Haus geholt, wir bekamen es geschenkt und Opa Horst sorgt für Nachschub, wann immer ein Teil kaputtgeht, und das soll bei seiner Sparsamkeit und Willis Verschleiß schon was heißen!

Hätte mir einmal jemand prophezeit, dass ich mein behindertes Kind abends mit einem blinkenden Minilaptop ins Bett legen würde, aus dem piepsende Musik dudelt, ich hätte ihn für verrückt erklärt. Aber ich bin machtlos gegen die Wünsche meines Sohnes, ist doch die Freude der eigenen Kinder das Schönste im Leben einer Mutter. Und bitte schreiben Sie mir keine Leserbriefe: Ich weiß, dass das nicht gut ist für Willi, aber es macht ihn so glücklich!

Auf jeden Fall war es dann schon fast egal, als wir ein Haus bauten mit einer neuen Küche, in der nun Kühlschrank, Induktionsherd und Mikrowelle (aus welchen

Gründen auch immer) mit Willis Elektroschrott-Spielzeug wild um die Wette piepsen. Auch meinem Vater gefällt unser Herd so gut, dass er sich gerade ebenfalls dafür entschieden hat, einen Induktionsherd anzuschaffen. Man kann da nämlich die Kochzeit programmieren, die Platte schaltet sich dann selbsttätig ab und piepst dazu gefühlte fünfhundert Mal. Dadurch stehen die Kartoffeln ganz super energiesparmäßig genau die richtige Zeit unter Druck. Da kann meine Mutter dann nichts mehr falsch machen ... außer natürlich die Programmierung gar nicht erst zu nutzen, um dann auf die Strafpredigt meines Vaters mit einem «Ach Horst!» zu antworten, das heute noch genauso klingt wie im Juni 1981.

Immerhin hat sich mein Verhältnis zu Gepiepse deutlich verbessert – ich kann es schon fast ignorieren. Ich bin oft sogar froh, dass das Tiefkühlfach anfängt zu piepsen, wenn eines der Kinder es mal wieder aufgerissen hat. Und ich bin froh, wenn Willi sich mal allein beschäftigt. Da ist mir schon fast egal, dass es dabei piepst, wenn es denn bitte nicht unsere elektrischen Geräte in der Küche sind, die er gerade bedient. Aber natürlich wäre ich noch *viel* froher, wenn Willi sich nur halb so ausgiebig mit unserem hübschen Bio-Holzbauernhof beschäftigen würde. Aber dem ist nun mal nicht so. Auch wenn mich all unsere Frühförderinnen und anthroposophisch-homöopathischen Kinderärztinnen dafür verdammen: es ist eben im Moment das Plastiktelefon mit zehn verschiedenen Piepsmelodien und elektronischen Tiergeräuschen, das mein Sohn liebt, und nicht der etwa dreißigmal teurere, traumhaft schöne, politisch korrekte Bauernhof mit hundert Tieren ... Aber mittlerweile wird der immerhin von Willis kleiner Schwester ausgiebig bespielt!

Was denn nun: normal, außerirdisch
oder 100 Prozent glücklich?

Ich habe neulich eine Studie gelesen, in der Menschen mit Down-Syndrom über ihr Selbstbild befragt wurden. Die überwältigende Mehrheit antwortete, sie führten ein «glückliches und erfülltes Leben». Ich fürchte, dass wir (die sogenannten «normalen» Menschen) in Sachen Glücklichsein lange noch nicht so weit sind.

Dann hörte ich eine Unterhaltung in der U-Bahn: Eine Gruppe Anzugträger saß beieinander. Der eine äußerte, dass er es langsam satt habe, nur noch zu arbeiten. Die Antwort der anderen lautete in etwa: «Na, was sollen wir denn sagen ...» – und alle übertrumpften sich damit, wer am meisten arbeitete. Der Mann muss das Gefühl bekommen haben, komplett zu versagen: Allen anderen geht es genauso (oder noch schlimmer!), da darf man sich nicht beschweren.

Meistens will man sich ja auch gar nicht beschweren, man erzählt einfach nur, was bei einem im Leben gerade so los ist. Natürlich passieren in meiner Familie mit einem behinderten Kind andere Dinge als in anderen Familien. Ich finde das ganz normal. Deswegen weiß ich auch nicht, warum auf meine Beschreibung unseres Alltags so oft die Antwort kommt: «Das hast du aber mit einem ‹normalen› Kind auch.» Macht das denn die Sache wirklich einfacher?

Auch die «normalen» Kinder haben ständig Rotznasen, pinkeln lieber neben das Klo als hinein, laufen immer genau in die Richtung, in die ihre Mutter gerade *nicht* geht, ignorieren Anweisungen, als wären sie gehörlos, erzählen nichts aus dem Kindergarten (obwohl sie, anders als Willi, das wenigstens theoretisch könnten), hören Weihnachtslieder im Hochsommer bei 42 Grad, werfen ihre Schuhe im Zoo zu den Dachsen rein und die Handys ihrer Eltern in die Badewanne, kippen bei jeder Gelegenheit Apfelsaft in Handtaschen und hauen ihren kleinen Schwestern mit Holzhämmern auf dem Kopf herum ... Aber das macht es doch nicht weniger anstrengend – für niemanden!

Ich weiß sicher, dass andere Familien mit «normalen» Kindern oft genauso grenzwertig drauf sind wie wir. Allerdings erzählten mir neulich Freunde, dass sie eher nicht das Phänomen kennen, von anderen ständig zu hören, sie hätten genau die gleichen Probleme. Im Gegenteil, sie müssen sogar damit rechnen, dass ihr Gegenüber beschwört, bei ihnen laufe mit den Kindern alles ganz super! Da schlafen die sechs Wochen alten Babys schon durch und die Dreijährigen haben keine Wutanfälle, alles natürlich aufgrund der konsequenten Erziehung ihrer Eltern ... Mir gegenüber traut sich vielleicht aus Mitleid niemand, ins Positive zu übertreiben, keine Ahnung. Immerhin scheint es ohne ein behindertes Kind auch nicht besonders befriedigend zu sein, anderen Eltern von seinen familiären Herausforderungen zu erzählen. Ich frage mich, was eigentlich so schwierig daran ist, wenn jemand anderes sich ausjammert, einfach mal zu sagen: «Ja, das ist echt Scheiße.» Ich will gar nicht immer gute Ratschläge, auch keine Telefonnummern von neuen Ärzten oder Therapeuten, und ich will auch gar nicht ständig an meinen Problemen reifen – ich will einfach nur mal in Ruhe herummeckern!

Ich habe in meinem Bilderbuch *Planet Willi* den ganzen Wahnsinn unseres Alltags gesammelt, den jede andere Familie wohl selbst kennt und über den alle Eltern abwechselnd lachen und weinen müssen. Willi spielt darin die Rolle eines kleinen Außerirdischen, der sich auf unserer Welt erst mal zurechtfinden muss. Aber wissen Sie, was ich zu hören bekomme? Es sei schwierig, das Buch zu verkaufen, denn es handle sich um ein *Randgruppenthema*! Und das finde ich jetzt echt nicht fair: Wenn ich jammern will, dann darf ich nicht, weil es allen so geht, und wenn ich ein Buch darüber mache, dann sind das plötzlich alles reine Behindertenprobleme? Ich versuche ja in Sachen vermeintlicher Diskriminierung nicht so schnell beleidigt zu sein, aber dieses Mal musste ich doch etwas schmollen: Sind wir jetzt normal oder außerirdisch?

Apropos Diskriminierung: Neulich sprach mich im Supermarkt ein junger Mann mit den Worten an: «Ist der behindert?», und zeigte mit dem Finger auf Willi, der laut jauchzend im Einkaufswagen versuchte, mit den Zähnen eine Dose Würstchen zu öffnen. Der Typ kam mir aber selbst nicht ganz koscher vor, also antwortete ich: «Ja. Und Sie?» Er schlug sich stolz auf die Brust und antwortete mit einem zackigen «100 Prozent.» Ich hab so gelacht! Falls Willi mal sprechen lernt, dann wünsche ich mir, dass er genauso offen mit seiner Behinderung umgehen kann wie dieser junge Mann. Auf jeden Fall denke ich nicht, dass er später in der Wohngruppe zwischen seinen Freunden sitzt und sagt: «Mensch, ich hab's langsam satt, so behindert zu sein», und alle andern reden dann auf ihn ein: «Was sollen wir da erst sagen, wir sind mindestens genauso behindert ...»

Nur die Lüge einer Familie

Manchmal bin ich traurig. Traurig, wenn wir ein Weihnachtskonzert verlassen müssen, auf das wir uns mit den Kindern sehr gefreut hatten und Willi dort aber plötzlich irgendetwas nicht erträgt ... die Lautstärke, die vielen Menschen, den Raum, wir wissen es nicht. Traurig, wenn Olivia mitbekommt, dass unsere Kräfte am Ende sind und uns fast die Nerven durchgehen, bei einer einfachen Tätigkeit wie der, Willi anzuziehen und im Auto anzuschnallen. Traurig auch der Tag, an dem Olivia, den Tränen nahe (weil mein Mann und ich uns angeschrien hatten), sagte: «Mama, ich hätte mir so sehr einen Bruder mit ohne Down-Syndrom gewünscht.» Und das Schlimme daran ist, dass ich weiß: in dem Moment formuliert sie gar nicht ihren Wunsch, sondern den unseren. Es ist einfach traurig, wenn man schon im Frühjahr Angst vor dem Sommerurlaub hat, weil man nicht weiß, wie er laufen wird. Es ist traurig, wenn man nach dem Urlaub so kaputt ist, dass man kaum weiß, wie man die Zeit bis zu den nächsten Ferien durchhalten soll.

Als wir Willi zum ersten Mal in eine Kurzzeitpflege-Einrichtung gegeben hatten, fühlte ich mich furchtbar. Es war eine einwöchige Ferienfreizeit für behinderte Kinder, sie machten jeden Tag einen tollen Ausflug, die Betreuer waren motiviert und liebevoll. Nach der Woche, in der ich alles andere tat, als mich mal zu entspannen, kam zum Glück ein fröhlicher Willi nach Hause, der ganz und gar nicht traumatisiert wirkte. Trotzdem fühlte ich mich schlecht, als hätte ich ihn abgeschoben. Beim nächsten Mal beschlossen wir, etwas für uns zu tun, was wir mit Willi eben nicht tun können, und flogen mit Olivia im März auf eine warme Insel. Es war unglaublich, wie frei und entspannt wir uns mit Olivia bewegen konnten. Wir gingen essen, wir gingen an den Strand, wir gingen ins Museum, tranken Kaffee, konnten Läden betreten und all diese normalen Dinge tun, die sonst nicht gehen. Nichts musste geplant und durchorganisiert werden, wir mussten uns nicht ständig aufteilen, nicht ständig unter Strom sein, nicht durchgängig Willi hinterherrennen und keine Angst haben, dass eine unserer täglichen Katastrophen passierte. Es wurde nicht geworfen, geschlagen, geschrien, nicht mit Kot geschmiert, es lief keiner weg, es lag keiner auf dem Boden, es ging nichts kaputt, es musste sich niemand brüllend zwangsweise an neue Räume, Betten und Stühle gewöhnen, es mussten keine Schubladen, Türen und Geräte gesichert werden und es wurden keine blöden Blicke auf uns gerichtet und keine Kommentare abgegeben ... Aber glücklich fühlten wir uns trotzdem nicht. Vielmehr machte uns das Bewusstsein davon, wie einfach alles sein könnte, besonders traurig. Es machte mich traurig, dass mir Willi trotz allem so sehr fehlte, dass es fast schmerzte. Es war, als könne man nicht mit ihm, aber ohne ihn eben auch nicht. Ich hatte auch keine Lust, andere Menschen kennenzulernen und mich zu unterhalten, denn ich hätte doch nur von Willi erzählen wollen. Einmal kamen wir ins Gespräch mit einem älteren Ehepaar und die beiden sagten uns, wir seien eine so tolle kleine Familie. Da wurde mir klar, warum ich diese Zeit so wenig genießen konnte. Ich fühlte mich wie eine Lügnerin. Als wären wir nur die Lüge einer kleinen glücklichen Familie, denn unser Willi, den wir brauchen zum Glück, war nicht bei uns. Ich weiß, dass ich das andere Leben nicht ertragen hätte, in dem ich Willi nicht bekommen hätte: Vielleicht hätte ich gar nicht wirklich gewusst, woher die Leere gekommen wäre, hätte nicht erfahren, dass es dieser eine Mensch ist, der mir fehlt und an dessen Stelle nur ein schwarzes Loch sein kann, in dem alles Glück verschwindet ...

Wir werden es trotzdem weiter üben, eine Woche zu dritt zu sein, denn mein Verstand weiß, dass Olivia ein Recht darauf hat, uns beide mal ganz und gar für sich zu haben, und dass es auch für Willi wichtig ist – Eltern, die mal eine Woche Urlaub im Jahr machen.

Wischen oder blättern?
E-Book versus richtiges Buch

Seit ich Bücher mache, höre ich die Verlage jammern, dass der Buchmarkt in der Krise sei. Mein erstes Bilderbuch ist vor dreizehn Jahren erschienen und erstaunlicherweise gibt es heute noch immer sehr viele Verlage und Buchläden. Vor einigen Jahren tauchte ein neues Schreckgespenst auf: das E-Book! Das soll nun der endgültige Tod des richtigen Buches sein! Ich glaube nicht daran.

In unserem Haushalt gibt es beides: E-Books und richtige Bücher. Männer schaffen ja gerne elektronische Geräte an (in unserem Fall ein iPad) und wenn sie dann noch argumentieren können, dass es so gute Lernprogramme für die Kinder (besonders für behinderte Kinder) gibt, dann stimmen (falls sie überhaupt gefragt werden) sogar die Frauen zu.

Ehrlicherweise muss ich zugeben, dass ich meinen Mann auch nicht frage, bevor ich ein Bilderbuch kaufe, und von denen gibt es etwa 500 Stück bei uns – dagegen sind auf unserem iPad nur fünf sogenannte «Bilderbuch-Apps». Ich habe unter anderem deswegen ein Problem mit dem Kaufen von Bilderbüchern als App, weil ich sie nicht einfach vor dem Kauf in die Hand nehmen und kurz durchblättern kann. Diejenigen Bücher, die ich auf gut Glück runtergeladen habe, sind zwar deutlich günstiger gewesen als richtige Bücher im Buchladen, dafür sind sie aber leider auch alle ziemlicher Schrott. Diejenigen Bücher, die ich auf gut Glück runtergeladen habe, sind zwar deutlich günstiger gewesen als richtige Bücher im Buchladen, dafür sind sie aber leider auch alle ziemlicher Schrott.

Der Vorteil der Bilderbuch-Apps ist aber eindeutig der,

dass sie keinen Regalplatz brauchen und demnach weder einstauben noch von meinen Kindern aus dem Regal herausgerissen werden können und also auch nicht überall herumliegen und wieder aufgeräumt werden müssen. Auch kann Willi aus einem elektronischen Buch keine Seiten rausreißen und nicht reinbeißen! Für ihn ist der eindeutige Vorteil vom Buch auf dem Computer, dass es jede Menge Geräusche macht und einige sogar Musik von sich geben. Ansonsten, finde *ich* persönlich, ist es ein echter Vorteil des richtigen Buches, dass es eben keinen Lärm macht.[*]

Wenn man übrigens regelmäßig mal die eine oder andere App herunterlädt, meist weil sie gerade im App-Store umsonst ist oder man auf der Suche ist nach einem Lernprogramm oder Spiel, das nicht völlig beknackt ist, dann müllt man sein iPad fast so schnell voll wie die Kinder ihre Zimmer. Das muss man dann auch noch aufräumen, was aber nicht annähernd so zeitaufwendig ist wie die Recherche nach halbwegs brauchbaren Kinder-Apps.

Vielleicht könnte es ein Nutzen für Eltern sein, dass sie ihren Kindern das Tablet-Ding einfach in die Hand geben, wo ihnen das Buch dann automatisch vorgelesen wird, und sie selbst können dann so lange auf ihrem Smartphone E-Mails schreiben oder kochen und putzen. Ich persönlich wäre allerdings niemals so irre, meinem Sohn Willi ein 600 Euro teures elektronisches Gerät auch nur eine

[*] In Anbetracht dessen, dass sich in den letzten zwei Jahren bei uns ein Berg an Büchern angehäuft hat, die wahlweise muhen, mähen, gackern, Trecker-Geräusche und «Tatütata» von sich geben oder Musik abspielen, muss ich die Behauptung, dass «normale» Bücher keinen Krach machen, leider wieder zurücknehmen! Wahrscheinlich ist genau das die logische Antwort des Buchhandels auf muhende E-Books und der einzige Grund, warum noch immer nicht alle Buchläden geschlossen haben.

Minute lang unbeobachtet zu überlassen, denn seine Experimentierfreude ist groß – und ich bin sicher, dass er seinen Fischen im Aquarium auch gerne mal das tolle Ding zeigen würde. Meine Tochter Olivia könnte ich, wenn ich denn wollte, schon mit dem Teil allein lassen, aber sie würde dabei ohnehin (übrigens genau wie ihr Vater) alle fünf Sekunden rufen: «Mama, guck mal!» – und es würde mir keine freie Zeit verschaffen.

Außerdem gibt es noch einen weiteren großen Nachteil am Bilderbücher-Anschauen auf einem Tablet: Man hat nämlich immer auch Filme für die Kinder drauf (was schon den einen oder anderen Amoklauf von Willi in Wartezimmern bei Ärzten erfolgreich verhindert hat, und dafür *liebe* ich das Teil natürlich!). Sobald nämlich die Kinder ausreichend beim Bilderbuch-App auf der Kuh herumgepatscht haben und diese oft genug «Muh» gesagt hat, fällt ihnen ein, dass sie sowieso lieber einen Film anschauen würden – und schon beginnt die lästige Fernseh-Quengelei, die man zum Glück beim Büchervorlesen wenigstens mal nicht hat.

Dasselbe Theater spielt sich übrigens auch ab, wenn der Papa sich mal mit dem Tablet aufs Sofa legt, um darauf seine Tageszeitung zu lesen: Sofort hüpfen jubelnd die Kinder auf ihm herum und wollen mit ihm einen Film schauen oder mit einer App rumdaddeln ... mit einer normalen Zeitung passiert so was nicht!

Was ich persönlich als den größten Vorteil am richtigen Buch erachte?

Ich sitze damit abends, neben meine Kinder gekuschelt, im dämmrigen Licht, schaue auf das Buch herunter und es spiegelt sich in ihm nicht diese hässliche Falte unter meinem Kinn, die ich auf dem Display ständig anschauen muss ...

Im Sommer wird unser Sohn Willi eingeschult, wir müssen entscheiden, wo wir ihn anmelden. In Hamburgs Schulen wird gerade die «Integration» behinderter Kinder abgeschafft. Stattdessen hat man sich ein neues Wort ausgedacht – nämlich «Inklusion».

Da der Durchschnittsbürger natürlich nicht weiß, was da der Unterschied sein soll, will ich es kurz erklären: Es wird nicht etwas Fremdes in etwas Bestehendes «integriert», sondern alle Menschen sind in ihrer Andersartigkeit gleich. Man geht also von einem heterogenen Ganzen aus.

Inklusion ist eine wunderbare Idee, ein Traum, den ich gerne mitträumen und entwickeln will. Jedes Kind darf fortan auf jede Schule gehen. Sonderschulen sollten überflüssig werden, in allen Schulen lernen körper- und geistigbehinderte, verhaltensgestörte und «normale» Kinder gemeinsam – einfach eben mit ganz verschiedenen Lernzielen (was man dann «zieldifferent» nennt) – wunderbar!

Und weil man ja niemanden diskriminieren will, hat man sich auch gleich neue Ausdrücke für die Behinderten ausgedacht: Um sie nicht mehr Behinderte zu nennen, umschreibt man sie etwa als «Kinder mit Förderschwerpunkt geistige Entwicklung».

Ich weiß jetzt nicht so genau, warum man sich immer neue Wörter ausdenkt, aber egal. Für unsere Gesellschaft wäre Inklusion ein unvorstellbar großer Schritt zu mehr

Menschlichkeit und Toleranz. Was können Kinder nicht alles lernen im Umgang mit so viel Unterschiedlichkeit, toll! Schade, dass die meisten Lehrer in ihrer Ausbildung leider nicht gelernt haben, solche Klassen auch zu unterrichten. Und schade, dass die Lehrer sich nicht in der Mitte durchschneiden können, denn dann könnten sie vielleicht wenigstens zeitlich so eine Herausforderung leisten. Schade auch, dass den bisherigen Integrationsschulen nun die Gelder gekürzt werden sollen, mit denen sie bisher die Aufgabe, behinderte und nicht behinderte Kinder gemeinsam erfolgreich zu unterrichten, leisten konnten. Schade, dass ein Kind wie mein Sohn Willi dann nur gut 2,5 Stunden in der Woche eine Sonderpädagogin an seiner Seite hätte, die stundenweise von Schule zu Schule hetzt. Schade, dass Eltern anderer Schüler sich wahrscheinlich bald beschweren werden, weil Willi so viel Unruhe verbreitet – er kann ja nicht mal fünf Minuten auf einem Stuhl sitzen. Schade, dass Willi nicht sprechen kann und deswegen auch nicht mit Kindern und Lehrern wird kommunizieren können, außer alle lernen und verwenden seine Gebärdensprache. Schade, dass Willi den Unterrichtsinhalten nicht folgen können wird. Schade, dass er immer erleben wird, dass er derjenige ist, der am wenigsten kann. Schade, dass ich mir nicht vorstellen kann, wie Willis Lernziele, z.B. das Toilettentraining, Teil des Unterrichts werden könnten. Schade, dass er wahrscheinlich ständig in einen Nebenraum abgeschoben wird und dort die Stifte, mit denen er Mandalas ausmalen sollte, durch die Gegend werfen wird. Schade, dass ich das Gefühl habe, dass es der Stadt Hamburg gar nicht um Inklusion geht, sondern darum, Geld zu sparen.

Aber ein Glück, dass es auch noch Schulen gibt, an denen die erste Unterrichtseinheit darin besteht, zu stampfen und zu singen und erst mal in der Schule körperlich und geistig anzukommen. Ein Glück, dass diese Schulen viel Erfahrung damit haben, zieldifferent und sogar altersübergreifend zu unterrichten und dort nicht alle 45 Minuten ein neues Fach beginnt, auf das sich die Kinder einstellen müssen. Ein Glück, dass dort die Lehrer und Erzieher behinderte Kinder auch unterrichten *wollen* und nicht nur müssen und dass es dort Lernziele wie Keksteigkneten oder Händewaschen gibt.

Ich weiß, dass es ein echter Verlust für alle «normalen» Hamburger Schulkinder ist, dass sie mit Willi nicht lernen dürfen, wie unterschiedlich das Leben sein kann. Aber dafür müssten erst die richtigen Bedingungen geschaffen werden, dass wir bei der Inklusion mitmachen können – und bis dahin machen wir es ganz exklusiv, sorry!

Inklusionserfahrungen:
Vielen Dank für die Gleichbehandlung!

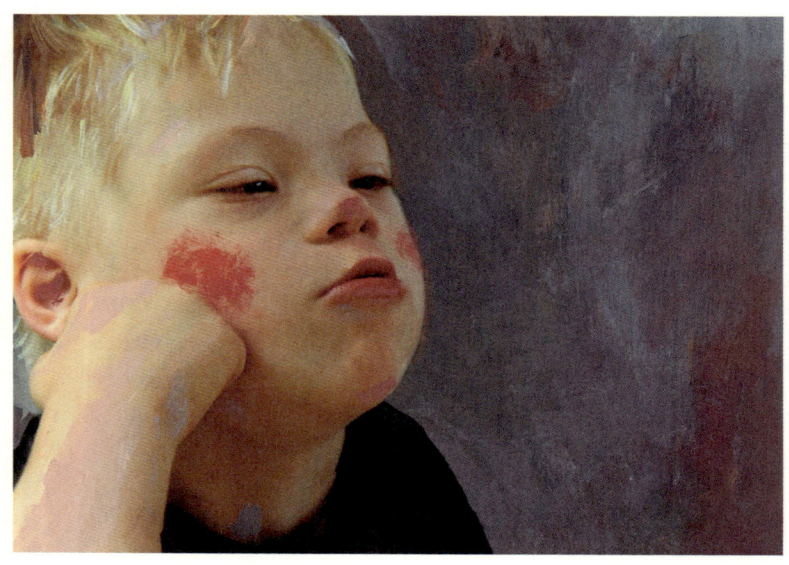

Als wir vor vier Jahren in Hamburg dringend einen Krippenplatz für Willi suchten, gab es das schlichtweg nicht, integrative Krippenplätze. Ein Jahr später mussten wir feststellen, dass es zwar viele sogenannte Integrations-Kindergärten gab, aber diese unseren wilden Willi trotzdem nicht nehmen wollten – er war ihnen einfach zu anstrengend. Vielleicht hätten wir einen Platz einklagen können, aber für so etwas fehlte uns die Kraft.

Notgedrungen kam Willi in eine Kleingruppe mit nur behinderten Kindern, was wir keinen Tag bereuten. Ich werde nicht vergessen, wie unglaublich gut es mir damals tat, als wir uns in dem kirchlichen Kindergarten vorstellten, und während ich noch dabei war, mich für mein schlecht entwickeltes, unglaublich nervenraubendes Kind zu entschuldigen, sagte mir die Leiterin, sie würden *jedes* Kind nehmen! Willi war in diesem Kindergarten mit acht Kindern und vier Betreuern bestens aufgehoben und wurde gut gefördert. Auf dem Spielplatz und im wöchentlichen Morgenkreis begegneten sich ganz selbstverständlich die behinderten und die «normalen» Kinder, und da Willi ohnehin regelmäßig durch die anderen Gruppen diffundierte, konnte von Isolation nicht die Rede sein. Willi und seine Kollegen bekamen, was sie brauchten: weniger ablenkende Reize und eine engmaschige Betreuung, sodass auch die schwerbehinderten Kinder zum Beispiel basteln konnten, einfach indem ihre Hände geführt wurden. Zusätzlich gingen die Betreuer mit den Kindern zum therapeutischen Reiten und Schwimmen. Toll!

Kurz vor den letzten Sommerferien wurde uns Eltern verkündet, dass wir dankbar sein dürften, denn nun würden unsere Kinder nicht mehr ausgegrenzt. Die Gruppe sollte «inklusiv» werden. (Es hatte übrigens einfach nicht genügend Neuanmeldungen behinderter Kinder gegeben und so konnte man nicht wirtschaftlich genug arbeiten.) Zu den verbliebenen sechs Kindern in Willis Gruppe sollten noch fünfzehn nicht behinderte Kinder kommen. Auf unsere Frage hin, wie die Betreuer das schaffen sollten, wurde uns gesagt, man hätte dafür ein Konzept gemacht. Ich kann das Wort «Konzept» echt nicht mehr hören! Für mich bedeutet das eigentlich immer nur, dass sich Leute irgendetwas auf dem Papier ausgedacht haben, was am Ende ohnehin nicht in die Praxis umgesetzt werden kann. Wie ein Konzept zwei Vollzeitkindergärtnerinnen generieren sollte, konnte mir dann auch keiner erklären.

Wir waren als Eltern empört. Niemand hatte uns gefragt, ob wir diese Form der Inklusion überhaupt wollten, und mir fiel plötzlich auf, dass ich das gar nicht wollte: Willi ist ein Kind, das nicht wie die meisten anderen ist, und deswegen braucht er (leider) auch eine Betreuung, die nicht wie die der meisten anderen Kinder ist.

Mir wurde vorgeworfen, ich wolle einfach nur eine Extrawurst für mein Kind, und die Kita gab nicht zu, dass sie wirtschaftliche Gründe hatte, die Gruppe zu öffnen: Angeblich hatte die Inklusion plötzlich rein gutmenschliche Gründe. In einem Schlichtungsgespräch mit irgendeinem Kirchenheini wurde uns dann noch vorgeworfen,

Sondereinrichtungen, wie wir sie forderten, kämen aus der Nazizeit!

Das Ganze sah dann in der Praxis so aus: Zum Schwimmen konnten die Betreuer aufgrund von Personalmangel mit den behinderten Kindern ab sofort nicht mehr gehen. Leider forderten die Eltern der nicht behinderten Kinder Gleichberechtigung in Sachen Reiten: Sie fühlten sich diskriminiert und so wurde das Reiten ebenfalls abgeschafft. Die normalen Kinder saßen an neuen, süßen Kindertischchen, während die behinderten in ihren Spezialstühlen separat an einem anderen Tisch hockten. Viele von ihnen zogen sich stark zurück, da die neue Unruhe sie überforderte. Die Kindergärtnerinnen waren ständig krank (wahrscheinlich auch überfordert), und dass die eins zu eins betreuten Aktivitäten kaum noch möglich waren, kann man sich an einer Hand abzählen. Und das alles trotz eines tollen Konzeptes.

Übrigens war Willi in diesem letzten Kindergartenjahr zu keinem Geburtstag eines der neuen Kinder eingeladen – aber zugegeben, wir haben auch niemanden von ihnen eingeladen. Ich mied auch bald die Elternabende, es war mir einfach zu anstrengend, die anderen Eltern zu integrieren und ihnen ständig Willi zu erklären.

Wirklich schockiert war ich, als ich von einer Mutter eines mehrfach schwerbehinderten Kindes hörte, sie hätten in Willis Kita keinen Platz für ihre Tochter bekommen, das Kind habe nicht in die Gruppe gepasst ...

Für diese Kinder (außer man kann sie gut in die Ecke stellen) müssen jetzt wohl wiederum neue Kindergärten geschaffen werden, zu denen jedes wahrscheinlich dann 50 Kilometer hingekarrt werden muss.

Eine Inklusionsgegnerin bin ich aber immer noch nicht! Das, was ich hier beschreibe, ist nur ein Beispiel dafür, wie man zurzeit versucht, unter dem Deckmäntelchen der angeblichen Inklusion Geld zu sparen! Ich will nicht eine Extrawurst für Willi. Er selbst ist die Extrawurst und er braucht, gerade um an der Gesellschaft teilzuhaben, eben eine Sonderbehandlung. Erst das verschafft ihm die gleichen Rechte wie anderen Kindern, so wie etwa das Recht darauf, im Kindergarten zu basteln. Ich weiß, dass ich für *echte* Inklusion kämpfen müsste, aber ich kämpfe mit meinem Sohn zu Hause schon um jede Windel ... So richtig viel Kraft ist da einfach nicht übrig. Ich weiß, ich müsste Willi auf eine normale Schule schicken, damit denen ihre Inklusionskonzepte mal ordentlich um die Ohren fliegen. Aber ich habe keine Lust, meinen armen Willi dafür zu verheizen. Er soll auch nicht dafür herhalten, dass die anderen Kinder vielleicht mal lernen, sich sozial zu verhalten. Für unsere Gesellschaft wäre es ganz sicher das Beste, alle behinderten Kinder gingen an ihrem Wohnort in die normalen Schulen. Als ich früher eine Zeit lang in Spanien gearbeitet habe, sah ich dort viele behinderte Kinder mit einer Schulbegleitung in den Regelklassen. Damals habe ich mich mit dem Thema noch nicht beschäftigt, aber ich war zutiefst beeindruckt, als ich Zeuge wurde, wie selbstverständlich die «normalen» Kinder ein körperlich schwer behindertes Kind auf die Toilette begleiteten. *Das* bedeutet für mich, etwas fürs Leben gelernt zu haben! Aber die Eltern in Deutschland will ich sehen, die nicht sofort auf die Barrikaden gehen, wenn ihr Kindlein einem behinderten Kind den Po abwischen müsste!

Eine unserer ehemaligen Kinderkrankenschwestern begleitete eine Zeit lang ein vom Hals ab gelähmtes Mädchen in die Schule. Ihre Aufgaben waren lediglich auf den pflegerischen Bereich beschränkt. Die Schulbücher aus dem Ranzen zu holen, auf den Leseständer zu stellen und umzublättern fiel in den Aufgabenbereich der Schule. Reihum sollten Kinder der Klasse dafür zuständig sein. Einige Eltern sahen aber ihre Kinder damit überfordert und setzten durch, dass das nicht zumutbar sei ...

Natürlich höre ich auch immer wieder von anderen Müttern, dass die Integration (oder Inklusion, ist ja auch völlig egal, wie man es nennt) ihrer Kinder mit Down-Syndrom wunderbar funktioniert, bei einigen sogar über die Grundschule hinaus. Jedes Kind sollte die Möglichkeit haben, auf eine normale Schule zu gehen. Aber wenn ich bedenke, dass dem Schulleiter unserer örtlichen Grundschule buchstäblich der Schweiß auf der Stirn stand, als wir Willi vorstellten, und er fast mantraartig vor sich hin sagte (während Willi dabei war, sein Büro zu zerlegen), er wisse ja, dass er ihn nehmen müsse, aber dass sie sich eben überhaupt nicht gut auskennen würden mit «so was» – dann ist das eben noch keine Inklusion!

Und überhaupt, wenn man jedes Kind wirklich in seiner Individualität begreifen will, muss man auch akzeptieren, dass vielleicht nicht alle Kinder die gleiche Schule brauchen ... Und was ist das überhaupt für ein Blödsinn, wenn die Hamburger Schulbehörde in ihr Inklusionskonzept schreibt, dass dann alle Kinder angeblich gemeinsam lernen, aber weiter nach der vierten Klasse aufgeteilt wird, in Gymnasium und Resteschule!

Spießertum

Ich hatte mich immer bemüht, ein möglichst unspießiges Leben zu führen. Oder wenigstens das, was ich dafür gehalten habe. Argumentationen im Sinne von «So etwas macht man nicht» haben mir schon als Kind nicht eingeleuchtet und mich immer dazu verleitet, etwas erst recht zu tun. Demzufolge passte die Geburt unseres Sohnes Willi ganz gut in dieses Konzept. So etwas muss ja heute bekanntermaßen auch nicht mehr sein. Und tatsächlich macht dieser kleine Kerl in vielerlei Hinsichten echtes Spießerleben unmöglich. Er kann niemals still sitzen, er küsst fremde Menschen, es ist ihm nicht zu vermitteln, dass man nicht quer durch die Nachbargärten läuft, nicht in fremde Autos einsteigt, um dort ein wenig zu lenken und am Radio herumzufummeln, und von seinen Tischmanieren will ich hier gar nicht reden! Außerdem mag Willi genauso gerne wie seine Eltern laute Musik. Er sitzt oder liegt lieber auf dem Boden, als einen Stuhl zu benutzen, und er zieht sich bei jeder Gelegenheit die Schuhe und Strümpfe aus, um barfuß zu laufen – und wenn wir es zulassen würden, wären seine Haare so lang und verfilzt wie die von Bob Marley.

Auf der anderen Seite aber ist Willi ein echter Spießer! Zum Beispiel will er *immer* dieselbe Musik hören! Mal eine neue CD anzubahnen, ist ein langwieriger und nervenraubender Akt, der aber manchmal sein *muss*, weil auch geduldige Eltern in Sachen ätzender Kindergartenlieder nicht unendlich belastbar sind. Willi muss die Musik auch möglichst immer in derselben Position hören: auf dem Bauch seiner Puppe liegend, mit dem Ohr direkt vor dem Lautsprecher, dabei ewig an den Knöpfen des Kinder-MP3-Players nestelnd, den wir am Boden fest verschraubt haben. Wenn ich der Puppe mal etwas Neues anziehen muss, weil Willi sie komplett vollgeschnoddert hat, ist das schon ein mittelgroßes Drama für meinen Sohn, der will, dass sie *immer dasselbe* anhat.

Willi hat noch viele andere Spießer-Anwandlungen: Türen sollen immer geschlossen sein, Lampen immer an, Papa darf nie eine Mütze oder Sonnenbrille tragen, um den Kopf gewickelte Handtücher werden mir sofort erbost heruntergerissen und das größte Drama erlebe ich, wenn ich abends mal für die Kinder statt Brot z.B. eine Minipizza mache: Olivia freut sich über die Abwechslung, doch Willis Empörung ist unendlich! Er liebt Pizza, aber zu dieser Tageszeit ist er nicht dazu zu bewegen, die Pizza zu probieren, keine Chance! Sie wird wütend weggeworfen und Willi bricht in Tränen aus. Es *muss* Abend*brot* sein. Und es *muss* sein Kuh-Brettchen sein und sonst soll da *nichts* in seiner Nähe auf dem Tisch herumstehen. Basta! Jegliche Veränderung verunsichert ihn schwer und wird mit einem empörten «hei!» (Willis aktuellem Wort für «nein») kommentiert, das aus tiefster Seele kommt.

Adventskranz auf dem Tisch? «Hei!» Kleine Schwester im Katzenkostüm? «Hei!» Fremder Mensch zu Besuch? «Hei! Hei! Hei!!» Richtig absurd wird es an Weihnachten und Geburtstagen: Willi mag zwar sehr gerne Geschenke, denn er liebt es, sie auszupacken. Damit er sich aber über deren Inhalt freuen kann, müsste man ihm seine alten

Sachen einpacken – außer in einem Geschenk befindet sich etwas für Willi erkennbar Essbares (zum Beispiel ein Laib Brot) –, sonst wird es mit einem zornigen «hei!» in die Ecke gefeuert. So ein Geburtstag mit einem Kind, das sauwütend ist wegen der vielen neuen Sachen, hat schon was Skurriles.

Das Schlimme aber ist, dass Willi meinen Mann und mich ebenfalls in Spießer-Zugzwang gebracht hat. Als ich mit Olivia schwanger wurde, wohnten wir im vierten Stockwerk einer Altbauwohnung in einem Hamburger Szeneviertel, das Wort «Reihenhaus» war eine Art Schimpfwort für uns. Aber Willi konnte damals noch nicht einmal selbstständig sitzen, und wir brauchten aufgrund seines Luftröhrenschnittes einen ganzen Berg an Hilfsmitteln (inklusive einer Sauerstoffflasche), um mit ihm das Haus verlassen zu können. Zusätzlich litt er noch an schweren epileptischen Anfällen und seine Prognose, einmal laufen zu lernen, war sehr schlecht. Also waren wir praktisch gezwungen, ein Reihenhaus zu bauen (das dann aber natürlich nicht vor Olivias Geburt fertig wurde, weil der Bauträger seine Firma pleitegehen ließ, um ein paar Schulden abzubauen ... aber das ist eine andere Geschichte). Tatsächlich verbesserte sich Willis Zustand unerwartet und der Junge lernte im neuen Haus ruckzuck das Laufen, sodass wir auch noch den Garten komplett spießermäßig einzäunen mussten ... Seitdem haben mein Mann und ich ernsthafte Gespräche, in denen es um Themen wie Nacktschnecken oder Moos geht! Matthias hat tatsächlich einen Vertikutierer angeschafft! Aus unserem kultigen VW-Camper T3 Club Joker ist ein spießiges Riesenwohnmobil geworden, und statt auf coole Rockfestivals pilgern wir nur noch auf

Stadtteilfeste mit Blaskapellen, die zurzeit Willis neue musikalische Leidenschaft sind (Danke, Opa Horst!). Vom «W:O:A»* zum Vertikutieren in nur fünf Jahren? Das ist erschreckend!

Wie lange wird es dauern, bis ich kirschförmige Tischdeckenbeschwerer für unseren Terrassentisch häkle, so mit einer großen Murmel drin, die man dann mit Klammern an allen Ecken festmacht?

Wir dürfen gespannt sein, wohin der gemeinsame Weg mit Willi uns noch führen wird, denn eines wissen wir seither ganz sicher: Das Leben ist nicht planbar, egal wie spießig man ist, und das ist auch ganz gut so. Nur bitte, Willi, bitte nicht eines Tages das Frühlingsfest der Volksmusik, dazu sage ich dann mal «hei!».

---

* Wacken Open Air – das weltweit größte Heavy-Metal-Festival.

Als ich ein Kind war, hatten wir zum Waschen im Badezimmer ein Stück Seife. Für die Haare gab es ein Shampoo, irgendein Shampoo.

Ich erinnere mich genau an den Duft des ersten Apfelshampoos meiner großen Schwester vor dreißig Jahren! Ein Traum!

Vor einiger Zeit habe ich versucht, in einem Drogeriemarkt ein Apfelshampoo zu finden, aber das ist wohl out. Aber bestimmt nicht so out wie ein Stück Seife, obwohl man das immerhin noch kaufen kann. Doch vor Kurzem musste ich von meinem geliebten Stück Seife am Waschbeckenrand Abschied nehmen. Willi beißt, wann immer er kann, in die Seife hinein. Ihm scheint es zu schmecken (und es ist nicht etwa Apfelseife), aber mich macht das ganz fertig. Bis zu dem Tag, an dem Willi das Prinzip eines Seifenspenders begriffen hat und beginnt, das Zeug zu trinken, werden wir jetzt wohl Flüssigseife benutzen.

In meiner Dusche stehen seit 1980 die verschiedensten Shampoos, Duschgels, Haarspülungen und Kuren. Da die Auswahl so groß ist und ich bei den Produkten (von den Verpackungen mal abgesehen) kaum Unterschiede bemerken kann, kaufe ich jedes Mal einfach das, was gerade im Angebot ist.

Im Laufe der Jahre tauchten immer wieder neue, mir oft vorher nicht bekannte, wundersame Wirkstoffe auf, die angeblich in dem Zeug drin sein sollen oder nach denen es angeblich riechen soll. Das reichte von Jojoba über Aloe Vera, Nerzöl und Pferdemark bis hin zu Gelee Royal. Aktuell ist wohl gerade wieder Obst und Gemüse in Mode für Toilettenartikel, denn ich lese auf meinen Packungen Avocado-Traube, Feige- & Rosenblüten-Öl und (natürlich immer gern auch in Fremdsprachen) Pomegranate, Argan & Grapeseed! Toll, oder?

Granatapfel und Traubensamen kann ich ja gerade noch verstehen, aber dass da wohl die Frucht des nordafrikanischen Argan-Baumes in meinem Duschgel steckt, musste ich erst mal googeln.

Tatsächlich lese ich seit Jahren die Beschriftungen auf Shampoo-Flaschen und amüsiere mich prächtig dabei. Wer erfindet bloß diese immer neuen Fantasieinhalte und Wirkungsweisen? Wer denkt sich das aus, dass da «Provitamin B5» drin ist? Da werden Haare und Haut mit wundersamen Proteinen oder Liposomen umhüllt und mit Feuchtigkeitsspendern ausgestattet, und was eben noch stumpf und kraftlos war, ist im Nu regeneriert und ergibt sich in natürlichem Glanze! Wer glaubt denn so etwas? Und wer weiß überhaupt, was das alles genau ist – «Q10», «Hydra IQ», «pH5 Enzymschutz» oder «Dexpanthenol»? Vielleicht diejenigen, die regelmäßig Frauenzeitschriften lesen? Da verstehe ich persönlich nämlich auch nur noch die Hälfte, habe ich neulich beim Arzt im Wartezimmer festgestellt … Mit der Überschrift «Klassisch mag Organza» kann ich persönlich nix anfangen (dafür kenne ich aber alle Folgen von «Shaun das Schaf»!). Oder sind die Beschriftungen eher an Chemikerinnen gerichtet? Ich bin mittlerweile schon froh, wenn ich weiß, wofür das Produkt überhaupt gedacht ist! Monatelang beäugte ich ein Fläschchen mit «toning lotion», das ich geschenkt bekommen hatte, weil ich einfach keine Ahnung hatte, was das sein sollte, und ich fürchtete einen Selbstbräuner (ist übrigens wohl nur Gesichtswasser). Am Schlimmsten ist es aber, wenn das Zeug französisch beschriftet ist! Auf meiner Packung mit «MASQUE ÉCLAT» (ebenfalls ein Geschenk) konnte ich wenigstens auf der Rückseite mit Hilfe einer Lupe eine englische Spezifizierung entziffern, die mich aber auch nur recht eingeschränkt aufklärte: «Instant radiance boost. Lifted skin, diminished signs of fatigue.» Mal ehrlich – «signs of fatigue», das klingt ja schon auf Englisch furchtbar, da will man gar nicht so genau wissen, was das auf Deutsch bedeutet.

Vor Kinderprodukten macht die Industrie natürlich auch keinen Halt. Das Feen-Anti-Ziep-Shampoo meiner Tochter ist rosa und hat laut Label glitzernden Feenstaub. Über allem steht noch groß das Wort: Prinzessin! (Wir bräuchten viel dringender ein Anti-Zicken-Shampoo!) Mein Gott! Auf Willis Piraten-Schaumbad (natürlich ist es blau) steht nicht etwa (der Farbe nach zu urteilen) «mit natürlichem Schlumpf-Extrakt», sondern: «mit schäumenden Bubbles». Für wie bescheuert halten die ihre Kunden eigentlich? «Verwandelt die Badewanne in ein stürmisches Meer mit vielen Schaum-Bubbles.» Willi verwandelt die Badewanne (und den Rest des Badezimmers) ohnehin in ein stürmisches Meer, aber die blöden Schaum-Bubbles gehören da nicht rein ins Wasser und erzürnen ihn sehr. Das fällt bei ihm unter die Kategorie ungewollte Veränderung: Schaum? Kenn ich nicht, will ich nicht! Das Ganze soll angeblich nach schäumender See duften, riecht aber einfach nur nach Männershampoo, was vielleicht gar nicht so übel ist, wenn ich da an die schaumigen Ostseestrände der 90er-Jahre denke, die mir bei dem Vergleich in den Sinn kommen. Als Mutter eines behinderten Kindes ist man ja schon ganz froh, wenn das Kind weder nach Urin und Kot noch nach Erbrochenem riecht – allzu anspruchsvoll darf man da vielleicht nicht sein. Aber ich ärgere mich schon, wenn ich es schaffe, meine Nase in Willis Haar zu schieben, ohne dass er mich wegschubst, und dann riecht es da nach albernem Mann und nicht nach dem wunderbaren Duft meines Kindes ... Wenn es dort allerdings nach Wildpark Eekholt riecht (oder wenn es in der Kita Fisch gab), dann weiß ich: Es ist Zeit für den Kampf mit den schäumenden Bubbles!

Mein Mann braucht übrigens, statt vier verschiedenen Produkten wie ich, in der Dusche erstaunlicherweise nur ein einziges Duschgel (was aber natürlich auch blau ist, die Packung aber immer schwarz). Zum Glück steht bei ihm auch alles auf Deutsch drauf, so verstehe ich es besser, denn auf Männerprodukten wird es *richtig* lustig! Statt Mädchenkram wie Obst und Glitzer hat er auch Dinge wie Meeresalgen und Hopfen drin! Klar, *das* interessiert die Männer. Außerdem ist ein Männerduschgel *immer* aktivierend. (Für kleine Jungs steht übrigens nie drauf, dass es irgendwie vitalisierend wirkt. Ehrlich, das würde ja auch keine Mutter kaufen. Für Willi würde ich eher zu etwas greifen, auf dem steht: mit Ritalin und Diazepam.)

Wenn ich Duschgel-Designerin wäre, würde ich es für die großen Jungs mal mit Diesel und Alkohol versuchen, das wäre auf jeden Fall was für meinen Mann. Gerade aktuell in seinem Duschgel namens «Speedster» findet sich «spritziges Zitronengras» (oh, hier auch mal Gemüse für den Mann) und «Taurin»! Ich lach mich schlapp!

Und dann die Texte erst, die sind das Beste! Mit «Pflegt die sensible Männerhaut» habe ich meinen Gatten lange gefoppt. Das schließt sich doch nun gegenseitig aus: entweder sensible Haut oder Männerhaut! Da muss man sich schon entscheiden. Matthias hat behauptet, ich würde ihn aufgrund seines Geschlechts damit diskriminieren, und ein Mann hätte genauso viel Recht auf empfindliche Haut wie eine Frau. Und das stimmt ja auch. Ich denke jedoch, dass sich das Weicheier-Warmduschgel für die sensible Frauenversteherhaut nicht gut verkauft hat, also bei uns ist es jedenfalls nicht wieder aufgetaucht. In der Regel sollen laut Beschriftungen Männerprodukte den Mann irgendwie dynamisch-männlich aktivieren. Besonders geliebt habe ich den Satz: «Stärkt den Mann für die Herausforderungen des Tages».

Aber es hilft nichts – solange Kokain nicht als Inhaltsstoff in Männerduschgels zugelassen ist, kann kein Mann so viel duschen, dass er genügend Stärkung für ein komplettes Wochenende mit unserem Sohn Willi bekommt! Ganz undynamisch bricht Matthias dann auch auf dem Sofa zusammen, warn immer es geht. Und so gar nicht spritzig (trotz des Zitronengrases) erhebt er sich davon wieder, wenn ich ihn wie eine Furie im Vorbeihetzen ankeife, er solle bitte gefälligst auch ein Kind anziehen oder mit einem auf die Toilette gehen, weil ich gerade hektisch versuche, vier andere Dinge gleichzeitig zu machen.

Übrigens ist das wohl der Grund, warum auf fast allen Frauenprodukten steht «Calming and Relaxing»: Hat aber bei mir wohl auch noch nicht recht gewirkt ...

Ich weiß gar nicht, warum behauptet wird, Kinder mit Down-Syndrom seien irgendwie out. Mein Sohn Willi liegt mit gleich zwei Modekrankheiten doch mal wieder voll im Trend: Er ist hyperaktiv und hat eine Wahrnehmungsstörung!

Es gibt sie ja schon immer, die sogenannten Modekrankheiten – diagnostiziert bei Kindern, die nicht ganz der Norm (oder den Vorstellungen der Erwachsenen) entsprechen. Ich glaube, als ich Kind war, war Legasthenie irgendwie hip. Zurzeit treffe ich viele Frauen, die behaupten, Dyskalkulie zu haben, weil sie für jede kleine Rechnung den Taschenrechner ihres Smartphones zücken (mache ich übrigens auch, aber ich weiß wenigstens, dass ich nicht etwa eine Behinderung habe, sondern einfach zu faul bin). Ich erkläre manchmal, ich hätte Gesichtsalzheimer, weil ich wirklich sehr schlecht Menschen wiedererkennen kann. Aber Namen kann ich mir auch schlecht merken. Ich bin also wahrscheinlich einfach nur unkonzentriert und leide nicht etwa unter Prosopagnosie (hab ich extra bei Wikipedia nachgeschlagen, denn ich kann mir vorstellen, dass es eine der zukünftigen Modebehinderungen werden könnte für Kinder, die niemals grüßen, und dann kenne ich das Wort wenigstens schon mal).

Mir ist das im Prinzip egal, dass ständig Eltern meinen, ihre Kinder seien hochbegabt, hätten «Asperger» oder sonst was. Schwierig wird es nur für die Familien, in denen ein Kind tatsächlich unter diesen Störungen leidet, denn sie werden wohl nur schwerlich über ihre Probleme öffentlich reden können, ohne gleich in der Schublade der hysterischen Eltern zu landen, die ihr Kind einfach nur schlecht erzogen haben und sich jetzt das passende Krankheitsbild dazu wünschen. Ich habe mich gefragt, ob ich zu Willis Diagnosensammlung wohl bald noch Dyskalkulie und Legasthenie dazuschreiben kann, weil er mit seinen sechs Jahren nicht den Zahlenraum bis drei kennt und noch nicht mal begriffen hat, was ein Buchstabe oder was Schrift überhaupt ist. Aber ich habe erfahren, dass man einen gewissen IQ haben muss, um Legastheniker oder Dyskalkulist sein zu dürfen. Willi ist also im Prinzip zu blöd, um auch noch Legasthenie zu haben.

Ist ja egal, es genügt auch so schon. Ich zähle ohnehin Willis Diagnosen nicht ständig auf. Down-Syndrom reicht dafür, dass man sich für das meiste andere nicht rechtfertigen muss. Nur bei Willis fehlender Sprache komme ich manchmal in Erklärungsnot, denn Kinder mit Trisomie 21 sprechen in der Regel alle irgendwann, und der Verdacht liegt dann nahe, dass hier die Eltern dem behinderten Kind keine Logopädie haben zukommen lassen. Aber selbst dann brauche ich die Worte Dyspraxie und Aphasie nicht: Willis Gehirn ist wohl einfach zu stark geschädigt durch die epileptischen Anfälle, fertig. Wer ein nicht sprechendes Kind mit Down-Syndrom ohne so eine gute Begründung hat, der hat es da um einiges schwerer.

Und wer wirklich ein hyperaktives Kind hat, der hat es auch immer schwer, das ist mal sicher. Es ist, als würde eine unsichtbare Macht Willi jede Nacht wie ein Spielzeugauto aufziehen, und sobald seine Füße den Boden berühren, muss er laufen (hebt man ihn hoch, bewegt er sich in der Luft weiter). Das zusammen mit einer amtlichen Wahrnehmungsstörung ergibt ein ziemlich explosives Gemisch. Willi kann sich einerseits auf nichts konzentrieren, andererseits nimmt sein Gehirn alle äußeren Reize fast gleichzeitig und gleichwertig wahr. Jeder Reiz löst einen Handlungsimpuls aus und dadurch ist Willi dann praktisch handlungsunfähig.

Das Ganze sieht etwa so aus: Willi kommt vom Kindergarten. Er rennt ins Haus und macht mit den Händen die Gebärde für Schaf (will «Shaun das Schaf» im Fernsehen!). Der ganze Raum ist voll mit Dingen: Da ist ein Boden (hinsetzen), oben eine Decke (hochschauen), Wände, Vorhänge (anfassen). Da ist ein Tisch (rauf), auf dem steht Kuchen (haben!). Mama hält Willi fest (he!), Teller (werfen), Milch (trinken? auskippen! patschen!), Kuchen (haben!), Bild an der Wand (anlecken), Mama (anlecken). Ein Buch liegt auf dem Stuhl (haben, doch nicht), Papa (kuscheln). Eltern reden beide (hä?). Kleine Schwester weint (laut! aufhören). Licht kommt aus der Lampe (dagegenhauen), lautes Geräusch (oh), Lampe bewegt sich (fernsehen). Eltern reden viel (Schuhe ausziehen? keine Lust), Willi wird ausgezogen (nervt; fernsehen, Kuchen). Papa redet. Willi bekommt Schuhe in die Hand gedrückt (aufräumen, doof!). Oh Mülleimer (Schuhe reinwerfen). Mama redet (laut, nervt). Papa führt Willi zum Stuhl (auf den Arm; fernsehen), Schwester (hat Kuchen, Neid, grabschen, hauen). Ein Fleck auf dem Polster (berühren). Willi klettert auf seinen Stuhl, Willi bekommt Kuchen (endlich! jetzt noch fernsehen!).

All dies findet in wenigen Sekunden statt. Ehrlich, das ist anstrengend für Willi (für uns übrigens auch).

Ich bekomme einen Eindruck von dem Zustand meines Sohnes, sobald abends beide Kinder im Bett liegen und ich selbst wie aufgezogen durch die Wohnung renne. Alle Aufräumreize stürzen dann fast gleichwertig auf mich ein. Jeder Reiz löst bei mir einen Handlungsimpuls aus, wodurch ich praktisch handlungsunfähig bin (allein schon dadurch, dass ich nach zwei Metern die Arme übervoll mit aufgesammeltem Kram habe, der wahlweise in den Müll, in die Wäsche oder einen Schrank gehört).

Das Ganze sieht dann etwa so aus: Ich laufe die Treppe runter (will Tatort sehen, schlafen).

Der ganze Raum ist voll mit Dingen (Bauklötze, Murmeln, Autos, Klamotten – aufräumen!). Da ist ein Boden (saugen! nein: wischen! später). Oben eine Decke (ein Fußabdruck???), Wände (echt schon renovieren?), Vorhänge (bald mal waschen). Da ist ein Tisch voll mit Abendbrotresten (Aufschnitt schnell in den Kühlschrank, ne, gleich noch Kindergartenbrote für morgen machen), Teller (Spülmaschine), Milchpfütze (sofort aufwischen – ach ja, keine Hand frei). Da sind Kuchenreste, das Bild an der Wand (beschmiert, hängt schräg). Ein Buch liegt unter dem Stuhl (auch noch in die Hand nehmen). Der Mann (schon vor der Glotze, Neid), Mann und Fernseher reden beide (hä?). Telefon klingelt (nein), kleine Tochter weint im Bett (schnell trösten, ne, schon aufgehört). Da kommt kein Licht mehr aus der Lampe (Mann Bescheid sagen). Willis Jacke und Mütze liegen am Boden (aufhängen). Ein Fleck auf dem Polster (kurz abkratzen). Spätestens dabei fallen mir alle Sachen aus der Hand (nerv! schlafen!). Sammle nur den

Müll aus dem Haufen und bringe ihn zum Ascheimer (da sind Willis Schuhe!). Lasse alles liegen, setze mich aufs Sofa, bekomme Fernsehen (endlich! Jetzt noch Kuchen, dann schlafen!).

Am Ende bin ich nicht sicher, wer von uns eigentlich gestörter ist. Willi hat auf jeden Fall mehr Freude dabei. Dafür kann ich schon selbst die Glotze anschalten.

Schneewittchen und die sieben Willis

Willi muss noch viel lernen. Eine Sache, die für ihn schwierig ist, ist das Spielen. Er kann noch keine Rollenspiele und hat mit seinen sechs Jahren noch nie so getan, als sei er ein Pirat oder ein Löwe. Willi kann auch keine Regelspiele verstehen, er kann nicht Topfschlagen oder auch nur das Prinzip von «sich gegenseitig fangen» begreifen. Mir tut das leid für ihn, denn das macht sein Leben in meinen Augen ärmer als das anderer Kinder. Aber vielleicht tue ich mir auch nur selbst leid, weil ich es mir eben wünschte, meinen Sohn im Piratenkostüm zu bewundern (na ja, und dann wäre ein Kind, das sich mal länger als ein paar Minuten selbst beschäftigen kann, natürlich auch ganz nett). Aber im Prinzip ist es Olivia, der manchmal ein Bruder fehlt, mit dem sie wirklich etwas spielen kann. In ihren Spielen taugt Willi höchstens als Statist: «Mama, ich bin Schneewittchen und Willi ist die sieben Zwerge.»

Natürlich spielt Willi auch, aber der Ablauf dieser Spiele ist streng festgelegt und extrem monoton (und eine Zwergenmütze setzt er dabei ganz sicher nicht auf den Kopf). Auch muss das Spiel für ihn *sofort* beginnen, nur eine Minute Vorbereitungszeit wäre schon zu lang, um sein Interesse zu halten. Willi «murmelt» gern. Der Spielpartner ist allerdings nur dafür da, die Murmeln anzureichen und von Willi im Wohnzimmer umhergeworfene Murmeln wieder einzusammeln. Ab und zu darf ich auch mal eine Kugel in die Murmelbahn reinlegen. Aber mir macht das trotzdem Spaß, denn ich schaue mir meinen glücklichen Willi dabei ganz in Ruhe an, wie er seinerseits wiederum gebannt die Murmeln anschaut und ihrem Geräusch lauscht. Von einem anderen Kind kann man aber natürlich nicht erwarten, dass es sich Willis Murmeldiktatur unterwirft und ewig nur danebensitzt und ihn mit Kugeln bedient. Willis liebstes Spiel zurzeit ist «Schnecke füttern»: Man muss eine Handpuppe anziehen und er füttert sie nacheinander mit eigens dafür gehäkelten Lebensmitteln. Wenn die Schnecke nicht schnell genug frisst, kann Willi sehr böse werden. Wenn die Schnecke dabei rülpst, niest und pupst, kann er sehr fröhlich werden. Aber es gibt wenig Spielraum in Willis Spiel, man muss sich sklavisch an seine Vorgaben halten, sonst fliegt einem die Schnecke samt Verpflegung um die Ohren.

Olivia spielt, ganz anders als Willi, mit unendlich vielen Variationen und Rollen, in die sie schlüpft. Die Vorbereitungen sind oft wichtiger als das Spiel selbst. Aber dass sie sich dabei wirklich selbst beschäftigt, kann ich auch nicht gerade sagen. Olivia fragt mich zum Beispiel direkt vor dem Abendbrot, ob sie sich als Schneewittchen verkleiden darf. Ich sabbel mich dann eine Weile mit ihr ab, und wir einigen uns darauf, dass wir *nach* dem Essen noch kurz Schneewittchen spielen – unter der Bedingung, dass sie dann ganz lieb ins Bett geht.

Ich müsste es eigentlich besser wissen, aber trotzdem glaube ich immer wieder daran, dass das der einfachere Weg ist, als mal Nein zu sagen und einen kleinen Zickenanfall über mich ergehen zu lassen. Nach einem winzigen Bissen vom Brot entschwindet die gesättigte Prinzessin in ihr Zimmer. (Auch darin unterscheiden sich meine beiden

Kinder grundlegend: Angesichts einer Scheibe Schwarzbrot mit Salami wirft Willi seine Murmelbahn sofort hinter sich.) Ich lasse Olivia nach oben gehen, in dem irrigen Glauben, dass ich so wenigstens Willi gleich in Ruhe bettfertig machen kann. Während er also Brote für gleich sieben Zwerge verdrückt, ruft sie mich bestimmt zehnmal von oben, dabei weiß sie genau, dass ich meine sieben hungrigen Zwerge nicht eine Sekunde unbeobachtet am Tisch lassen kann. (Erstaunlicherweise hat es Olivia tatsächlich geschafft, dass es mich mittlerweile manchmal nervt, wenn ich das Wort «Mama» höre. Wer schon drei Jahre lang ein Kind hatte, das noch nie Mama gesagt hat, hört sich daran nämlich nicht so schnell satt.) Während ich also versuche, Willi bettfertig zu machen, habe ich alle drei Minuten meine quengelige Tochter an der Backe, für die ich das Schneewittchenkleid suchen muss, die genau richtige Strumpfhose, den weißen Kragen zum Anknöpfen, das ganz bestimmte Hemdchen für drunter, die goldenen Schuhe, und spätestens bei der Suche nach dem verdammten goldenen Haarreif ist meine Geduld am Ende und das Zimmer sieht zehnmal schlimmer aus als nach einem Schnecke-falsch-gefüttert-Anfall von Willi! Wenn ich die sieben Zwerge dann im Bett habe und das Schneewittchen endlich perfekt aufgedonnert ist – inzwischen ist übrigens schon absolute Schlafenszeit –, können wir immer noch nicht spielen, denn Schneewittchen muss erst noch einen Koffer packen! Ich bin mir dann gar nicht mehr so sicher, ob Olivia wirklich besser spielen kann als Willi, aber auf jeden Fall kann sie das Zubettgehen besser hinauszögern.

Hunger hat Schneewittchen dann übrigens doch noch, und den Zickenanfall bekomme ich am Ende natürlich auch noch mit voller Breitseite ab ...

Stressige Eltern und Ökonazis

Irgendwie haben Eltern kleiner Kinder oft etwas Verspanntes. Ich bin da ganz vorne mit dabei. Nur denke ich gerne, dass meine Verspannung bei Willi syndromspezifisch ist (schönes Wort: «syndromspezifisch» – oder?).

Aber natürlich kann man sich um ein normales Kind genauso viele Gedanken und Sorgen machen wie um ein behindertes. Ganz syndromunspezifisch, sozusagen. Ein Lieblingskrampfthema von Müttern ist sicherlich der kindliche Mittagsschlaf. Schon von der Minute des morgendlichen Erwachens an kann man sich damit beschäftigen, ob und wann das Kind an diesem Tag wohl schlafen wird. Hat es morgens lange geschlafen, muss der gesamte Tagesplan ganz anders gestaltet werden, als wenn es sehr früh aufgewacht ist. Es gibt dann vielerlei zu beachten: Alle Unternehmungen müssen unbedingt vor 13 Uhr beendet sein oder nach 15 Uhr beginnen, und Autofahrten dürfen nicht in der Nähe dieser Kernzeit liegen (außer der Mittagsschlaf wird explizit als Autoschlaf geplant). Potenzielle Verabredungen müssen vage gehalten werden, da man nie weiß, ob der Plan in der Praxis umsetzbar ist. (Ein Treffen mit einer anderen Familie mit Kindern im Mittagsschlafalter ist unter diesen Bedingungen natürlich fast unmöglich.)

Und richtig dramatisch wird es dann, wenn mit jeder Menge Hektik, Vergrätztheit und Unflexibilität der erarbeitete Tagesplan bis zum Mittag durchgezogen wurde, das

Kind aber im vorgesehenen Zeitfenster gar nicht schlafen will! Was für eine Krise! Und wenn es dann endlich schläft, ist man die erste Hälfte des Mittagsschlafes vollends angespannt – aus Angst, das Kind könnte vorzeitig aufwachen (und die durch den Stress nun dringend benötigte Pause zerstören). In der zweiten Mittagsschlafhälfte geht's dann nahtlos über in die Angst, das Kind könnte zu lange schlafen und deswegen am Abend wiederum ewig wach sein ... Zum Glück schlafen unsere Kinder mittags nicht mehr und ich bin diesen Nerv endlich los.

Mein Mann war natürlich mal wieder jederzeit frei von solch komplizierten Überlegungen. Er plant so etwas gar nicht erst, er vergisst Dinge wie Mittagsschlaf oder geregelte Mahlzeiten für die Kinder einfach. Wenn ich jedoch ganz ehrlich bin, unterschied sich das Ergebnis seines ungeplanten Tages nie wesentlich von meinen verworren (für ihn undurchschaubar) strukturierten Tagen. Aber wenn es bei ihm nicht klappte mit dem Schlafen, hatte ich wenigstens einen Schuldigen dafür.

Ein weiteres Reizthema, vorzüglich von Müttern, ist die Ernährung der Kinder. Ich rechne im Kopf auch mit, ob meine Kinder schon etwas «Richtiges» gegessen und genug getrunken haben, und will ihnen zum Knabbern immer am liebsten Karotten und Äpfel andrehen. Mein Mann ist auch bei diesem Thema so tiefenentspannt (oder eben bescheuert), dass es ihm nicht auffällt, wenn unsere Tochter den ganzen Tag, außer der Schokolade von Oma, noch nichts gegessen hat und Willi wiederum, zusätzlich zur Schokolade und einer Zimtschnecke von Oma, bereits drei Brötchen verschlungen hat. Er begreift gar nicht, warum ich an einem solchen Tag ein gequältes Gesicht bekomme, wenn er fünfzehn Minuten vor dem Mittag laut in die Runde fragt: «Wer möchte ein Eis?» Als gesundheitsbewusste Mama kann man das Eis vor dem Essen dann nur noch verhindern, indem man sich komplett zum Buhmann macht. Ich achte darauf, was die Kinder essen, aber so verstrahlt wie andere bin ich noch lange nicht. In unserem Bekanntenkreis treffen wir vermehrt auf Eltern, deren Lebensinhalt die einhundert Prozent politisch korrekte Hardcore-Öko-ernährung ihrer Kinder zu sein scheint. Sogar einige Väter machen den Stress voll mit, wahrscheinlich weil ein Zusammenleben mit ihren Frauen sonst nicht auszuhalten wäre. Da dürfen die Kinder die ersten zwei Jahre kein Salz (Zucker natürlich schon gar nicht!), keine tierischen Produkte und nur glutenfreie Getreidesorten (außer vielleicht den heiligen Dinkel) zu sich nehmen. Um jegliches Milchprodukt wird ein riesiges Affentheater veranstaltet und maximal Sojamilch darf da mal genuckelt werden, aber auch das nur mit einem schlechten Gewissen, weil Fläschchen (so wie Schnuller und Daumen) ohnehin irgendwie böse sind. Nur Mamas Busen darf im Mittelpunkt jeglichen Genusses des Kindes stehen. Man hatte bei diesen Paaren schon in der Schwangerschaft den Eindruck, das Baby im Mutterleib könnte geschädigt werden, wenn nur einmal eine Nicht-Biomargarine auf den Tisch käme (keine Ahnung, ob sie meinten, damit ihren jahrelangen Alkohol- und Nikotinkonsum wieder ausgleichen zu können).

Natürlich musste in der Schwangerschaft auch ein Riesengeschiss veranstaltet werden um Rohmilchprodukte, etwas Zimt oder einen Schluck Rum im Kuchen. Aber ich darf mich natürlich nicht laut dazu äußern, wie blödsinnig ich das finde, denn es liegt ja auf der Hand, wohin es bei mir geführt hat, dass ich Silvester vor Willis Geburt mit einem echten, alkoholhaltigen Glas Sekt angestoßen habe ...

Dazu kommen dann bei der Kinderernährung noch allerlei dubiose Theorien und Fantasien, etwa, dass Bananen «heiße» Früchte seien (oder kalte? Ich hab's vergessen), welche nur zu bestimmten Jahreszeiten gegessen werden dürfen ... Alles in allem reicht es, um sich fast den ganzen Tag mit dem Thema Essen zu beschäftigen (soweit man nicht gerade mit dem Mittagsschlafdrama gebunden ist).

Übrigens ist der Mittagsschlafkrampf bei diesen Familien noch höher als bei den nur durchschnittlich gestressten, denn die Eltern können ja selbst nur in dieser Pause unentdeckt Eis und Schokolade in sich reinstopfen. Und dann beschweren solche Paare sich ernsthaft öffentlich, dass ihre Kinder so schlechte Esser seien! Ich kann dann nur sagen: Probier mal selbst, wie salzfrei gekochte Vollkornnudeln mit gedünstetem (natürlich auch ungesalzenem) Brokkoli obendrauf schmecken!

Beim Thema Essen (und den Ansprüchen an Schulabschluss und Studium) sind wir durch Willi ausnahmsweise mal etwas entspannter als andere Mittelschicht-Eltern. Wer sein Kind fast drei Jahre lang zwangsernähren musste, freut sich über jedes mit Genuss gegessene Laugenbrötchen oder Eis, auch wenn es nicht «Bio» und vielleicht sogar (o Gott!) mit Salz oder Kristallzucker bestreut war. Und in dieser Beziehung ist Willi jetzt wirklich jederzeit bereit, uns eine Freude zu machen!

Wer ernsthaft wünscht, dass sein Kind mehr ökologisch angebautes rohes Gemüse isst, dem kann ich folgenden Tipp geben: Man bestelle eine grüne Kiste beim Biobauern. Die daraus ständig anfallenden verdörrten Reste nehme man mit zum Besuch eines Tierparks. Dort gebe man den Kindern das olle Gemüse mit der Bemerkung, es sei nur noch für die Tiere geeignet: An keinem Tag im Jahr sehe ich meine Kinder so viel rohes Grünzeug in sich reinstopfen! Im Streichelzoo knabbern Willi und die Ziegen abwechselnd an derselben Karotte, und sogar auf dem Boden findet er eine leckere Kleinigkeit nach der anderen, die die Ziegen verschmäht haben ... Aber Achtung: Auch wenn das verdreckte Gemüse am Boden des Ziegengeheges eindeutig den Demeter-Look hat, kann man nicht sicher sein, dass es «Bio» ist!

Verhandeln und verlocken – oder: Erpressung und Bestechung

Die zwei Säulen der heutigen Kindererziehung sind ja angeblich «Erpressung» und «Bestechung». In mir sträubt sich alles gegen diese Erziehungsprinzipien. Vielleicht sind meine Kinder deswegen auch so schlecht erzogen. Es nervt mich, wie viel ich mich ständig mit meiner Tochter absabbeln muss. Jeden Morgen diskutieren wir (seit sie zwei ist) ausgiebig ihr Outfit, welches dann auch noch täglich mehrmals gewechselt werden muss. («Okay, du darfst das Erdbeer-T-Shirt anziehen, aber dann musst du noch ein Wollhemd drunter haben.» «Na gut, du darfst das Marienkäferkleid anziehen, aber dann musst du noch warme Leggings tragen» ...) Ich nenne das nicht Erpressung, ich sage mir, dass es Kompromisse sind. Neulich, als ich bei irgendeiner Sache mal bei einem schlichten «Nein» geblieben bin und Olivia mit immer neuen Vorschlägen ankam, was sie im Gegenzug zu bieten hätte («Dafür lass ich mir dann auch die Zähne ganz lieb putzen.» «Dafür setz ich dann auch eine Mütze auf» ...), blickte sie mich mit großen Augen an und forderte empört: «Mama, du musst jetzt ‹Na gut› sagen!» Mir wurde klar: Ich hatte mich nicht an die Feilschregeln gehalten! (Wie in «Monty Python's Life of Brian», als Brian sich verstecken muss und auf einem arabischen Markt schnell einen Bart kaufen möchte, damit man ihn nicht erkennt. Der arabische Händler ist empört, als Brian den vorgeschlagenen Preis einfach zahlen will.)

Es geht nicht um die Sache, sondern um ein Ritual, an das sich alle zu halten haben.

Mit Olivia feilschen wir über alles Mögliche, und manchmal bin ich die ständigen Diskussionen so leid, dass ich mich selbst nicht mehr reden hören kann. Und dann sage ich tatsächlich diese ätzenden Dinge wie: «Wenn du das jetzt nicht einfach anziehst, dann haben wir nachher keine Zeit mehr, ein Buch zu lesen.» Oder – noch viel effektiver: «Wenn du das jetzt nicht anziehst, dann haben wir nachher keine Zeit mehr, Fernsehen zu gucken ...»

Um vielleicht mal eine klarere Haltung zu bekommen, habe ich einen Vortrag in Olivias Kindergarten besucht zum Thema «Kindern liebevoll Grenzen setzen».

Ich hatte sogar meinen Mann überredet mitzukommen, damit wir am selben Strang ziehen könnten, obwohl er das Problem natürlich nicht so dringlich sah wie ich, denn ihm fällt es im Zweifelsfall eben gar nicht auf, dass Erdbeer-T-Shirt und Marienkäferkleid im Winter nicht warm genug sind. Er ging dann ohnehin nach fünf Minuten wieder nach Hause, denn der Abend begann mit einem Rollenspiel. Er hat eben schon eine klare Haltung, jedenfalls in Bezug auf Rollenspiele.

Je zwei Erwachsene sollten folgende Szene spielen: Ein Kind will bei Regen auf dem Weg zum Kindergarten rosa Sandälchen und nicht Gummistiefel anziehen. Allerdings schmiss sich dabei keine von uns Müttern schreiend und schlagend auf den Boden, wie wir es von unseren Kindern kennen ...

Anhand dieses recht alltagsnahen Beispiels erklärte die geladene Psychologin tatsächlich, dass man die Bedürfnisse von Kindern ernst nehmen muss. Statt zu sagen:

«Zieh jetzt bitte deine Gummistiefel an», sollte man etwas sagen wie: «Welche Gummistiefel möchtest du denn heute gerne anziehen, die roten oder die blauen?» Mal abgesehen davon, dass ich die Annahme, alle Eltern hätten zu Hause immer gleich eine Gummistiefelauswahl für ihre Kinder parat, ziemlich bescheuert finde, half mir dieser Tipp natürlich nicht weiter. Und auch andere Mütter hakten nach, was denn sei, wenn die Kinder auf diesen billigen Trick nicht mehr reinfallen würden, sondern sich am Ende eben trotzdem weigerten, die von der Mutter gewünschte Schuhart anzuziehen. Die Dame hatte viele Vorschläge: Man könnte sich einigen, dass das Kind zuerst die Sandalen und dann im Kindergarten die Gummistiefel anziehen könnte oder das eine auf dem Hin-, das andere auf dem Rückweg oder heute dies und morgen jenes ... Ich merkte dann an, dass mein Problem nicht sei, nicht genug Diskussionsideen mit meiner Tochter zu haben, sondern dass ich eben gerade *keine Lust* mehr habe, mich ständig in stundenlangen diplomatischen Verhandlungen mit ihr zu befinden. Für das Problem wusste die Frau keine Lösung ... Ich würde sagen: Thema verfehlt! Offensichtlich scheint das Absabbelprinzip der aktuelle Stand in Sachen Erziehung zu sein, aber mir geht das so was von auf die Nerven, besonders weil meine Tochter, wenn sie auf Krawall gebürstet ist, ohnehin so lange weitermacht, bis es am Ende knallt (spätestens wenn sie ihre schönen Sandalen im Matsch versaut hat und dann deswegen einen Wutanfall bekommt).

An solchen Tagen kürze ich den Weg zum Ausrasten einfach ab. Die Bedürfnisse einer Mutter, nicht immer ewig zu labern, muss man auch mal ernst nehmen.

Mit Willi ist das ganz anders. Zwar reden wir da auch

durchgängig, aber da er nicht selbst sprechen kann, sind es keine Diskussionen, sondern immer Monologe über das, was ich vorhabe, mit ihm zu machen, gerade mache oder gemacht habe. Mein Mann und ich haben manchmal das Gefühl, der Blindenkommentar im Fernsehen zu sein oder in einer Hörspielwelt zu leben. «Willi, ich hol dir jetzt einen Pulli aus dem Schrank. Schau mal, auf dem Pulli ist ein Auto. Willi, zieh den Pulli über den Kopf.» (Den Satz mindestens dreimal!) Dann: «Ich zieh dir den Pulli jetzt über den Kopf, ein Arm rein, noch ein Arm rein, toll gemacht.» Blablabla – den ganzen Tag.

Und wenn Willi beim Anziehen herumjammert, bekommt der arme Junge trotzdem den Pulli an. Fertig. Ihm scheint es übrigens vollkommen egal zu sein, was er anzieht. Ich lasse ihn manchmal aussuchen, aber er zieht einfach nur das Oberste (mitsamt dem ganzen Stapel) aus dem Schrank. Er hat keine Lust auf Anziehen, egal ob die Gummistiefel nun rot oder blau sind.

Was, neben seiner neutralen Haltung zur Mode, auch sehr sympathisch ist an Willi: Man kann ihn nicht erpressen! Dinge wie: «Wenn du jetzt nicht beim Anziehen hilfst, dann ist später keine Zeit für Fernsehen», darf man zu ihm nicht sagen. Er kann Sachverhalte, die so weit um die Ecke gedacht sind, nicht begreifen, er würde nur «Fernsehen» hören, den Pulli sofort fallen lassen und schon mal begeistert vor die Glotze rennen. Ich mag das an ihm. Er ist so schön direkt, nie hintenrum oder verlogen.

Er hat nur einen einzigen Trick und den haben wir mittlerweile durchschaut: Wenn wir mit dem Auto in der Nähe seines Opas vorbeifahren, sagt Willi «A A» und zeigt auf seinen Po. Da es für Willi eine enorme Leistung ist, anzusagen, dass er zur Toilette muss, haben wir natürlich sofort bei Opa Horst angehalten, wo Willi dann aber alles Mögliche tun wollte, zum Klo zu gehen war allerdings nicht darunter. Aber natürlich ist es auch eine enorme Leistung, uns so an der Nase herumzuführen! Mit Bestechung als Erziehungsmethode sieht es bei Willi schon etwas besser aus. Aber ich nenne es lieber Motivation! Wenn ich ihm ankündige, dass wir zur U-Bahn gehen wollen, lässt er sich spontan auf den Boden fallen. Es handelt sich um einen kurzen Weg, der einem aber sehr lang erscheinen kann, wenn das Kind dabei 45 Minuten Sitzstreik macht oder man es tragen muss – oder beides. Als Nächstes frage ich Willi, ob er ein Würstchen möchte. Ein begeisterter Willi springt auf, der dann zwar wieder etwas weniger begeistert dreinschaut, wenn ich ihm sage: «Erst zur U-Bahn, *dann* Würstchen», aber er geht mit – immerhin. Auf dem fünfminütigen Weg erinnere ich ihn dann noch mehrmals an den Sinn seiner Anstrengung (notfalls muss ich etwas mit dem Würstchen wedeln) und so kommen wir ruckzuck zum Bahnhof – immer vorausgesetzt natürlich, die Erdbeershirt-Marienkäferkleid-Sandalen-Gummistiefel-Fragen mit Olivia sind bereits hinreichend geklärt.

Förderblödsinn

Als ich mit dem zweiten Kind schwanger war, wurde ich mehrfach darauf hingewiesen, dass ich aufpassen müsse, das Geschwisterkind neben dem behinderten Kind nicht zu vernachlässigen. Ein vollkommen überflüssiger Ratschlag – als Mutter eines behinderten Kindes hat man ohnehin schon ein Dauerschlechtesgewissen, denn es gibt ja mehr Therapiemöglichkeiten, als der Tag Stunden hat, und wenn man sich nicht gerade Vorwürfe macht, weil man sein Kind nicht genug fördert, kann man sich wunderbar darüber Sorgen machen, dass man es womöglich gerade überfordert. Und solange man als Mutter nicht von seinem Ehemann lernt, den Förderbedarf seines Kindes einfach vollkommen zu vergessen, wird das auch immer so bleiben. Wenn dazu dann noch Geschwister kommen, kann man es definitiv gar nicht mehr richtig machen.

Jetzt ist Olivia vier Jahre alt, und ich denke, man muss sich um sie keine Sorgen machen. Sie kümmert sich gut selbst darum, genügend wahrgenommen zu werden: Wer in einem Pinguinkostüm durch den Zoo watschelt, wird definitiv noch mehr angeschaut als der behinderte Bruder neben einem.

Olivia hat von Geburt an das Recht auf ihren Teil an Aufmerksamkeit vehement eingefordert. In der Zeit, als Willi noch nicht in den Kindergarten ging, hat sie schlichtweg die Nacht als die Möglichkeit entdeckt, in der man

Mama für sich allein haben kann. Heute habe ich das Gefühl, dass sie eigentlich mehr im Mittelpunkt steht als Willi. Allein durch ihre Fähigkeit zu sprechen kann sie ihre Bedürfnisse so unendlich viel klarer ausdrücken als ihr Bruder. Auch liefert sie uns ständig die Freude neuer Wortschöpfungen. Wenn ein silberner Drache ganz «glitzerlich» ist oder sie abends ganz «müdlich» und der gelbe Schmetterling im Garten bestimmt die Sorte Zitrone hat, dann kommen wir aus dem Freuen gar nicht mehr heraus. Außerdem malt sie, sie malt sich selbst, mit Krone, mit Zuckerwatte und immer wieder mit Mama, Papa und Willi. Fast täglich schauen mein Mann und ich diesen winzigen Menschen an, der schon so unvorstellbar viel kann, ohne dass man irgendetwas davon mit ihm geübt hätte!

Über Elternabende zum Thema Sprachförderung in Olivias Kita kann ich nur lachen: Was muss denn da gefördert werden? Das geht doch alles von selbst, einiges früher, anderes später. Zu dem Elternabend kamen über fünfzig Mütter! Offensichtlich wird auch den Eltern normaler Kinder erfolgreich ein schlechtes Gewissen eingepflanzt. Wenn man allein schon die bescheuerten Beschriftungen auf den Verpackungen von Gesellschaftsspielen oder Puzzeln liest: Da stehen so schöne Dinge drauf wie «Förderung des genauen Beobachtens, Vergleichens und Zuordnens». Es ist doch wohl klar, dass jegliches Spielen für Kinder gut ist. «Memory» fördert das «Erinnerungsvermögen» – ach ne, wirklich?! Oder: «Mit Pädagogen entwickelt!» Ob man da wirklich mehr Spiele verkauft, wenn man *das* draufschreibt? Für mich wäre das Prädikat «pädagogisch wertvoll» schon eher ein Ausschlusskriterium, so verkrampft klingt das. Sogar das Spielen soll effizient sein – nur dass es dann doch kein Spiel mehr ist! Irgendwie scheint es wohl eine Förderindustrie zu geben, die versucht, den Müttern das Vertrauen in die natürliche Entwicklung ihrer Kinder zu nehmen. Ich lasse mir zweckfreies Spielen mit Olivia nicht kaputtmachen vom allgemeinen Förderwahnsinn.

Bei Willi ist das, zugegeben, mal wieder etwas anderes: Er lernt nicht einfach nebenbei, ich bin ständig versucht, ihm irgendwie Förderung unterzujubeln. Aber auch mit Willi ist nicht jedes Spiel Therapie, allerdings ist jede Therapie ein Spiel! Sonst hätte er ja auch keine Motivation mitzumachen und ich wiederum habe keine Lust mehr, Therapie gegen seinen Willen zu machen. Und so nennt man eben beim Durchkitzeln immer die Namen der Körperteile, aber ich kitzle ihn nicht, um damit das Körperschema zu üben. Und dass Singen, Reime und Fingerspiele für Willi (wie für alle Kinder) gut sind, dafür muss ich nicht erst eine Studie lesen! Wir singen mit ihm den halben Tag lang, weil er dabei so viel Freude hat, und nicht, weil es in einem Ratgeber stand!

Olivia hat maßgeblich dazu beigetragen, bei Willi eine Übertherapierung zu vermeiden, denn ich kann mich ja nicht zweiteilen (Willi und mir hat das übrigens gutgetan, dass ich wieder Mama bin und nicht mehr Therapeutin, aber ein schlechtes Gewissen habe ich natürlich trotzdem noch).

Am Abend ihres vierten Geburtstags erzählte Olivia mir, dass sie sich beim Auspusten ihrer Kerzen auch was für mich gewünscht hatte: «Dass du tausend Arme hast!» Ich war verwirrt. «Aber Mama, du sagst doch immer, dass du leider nur zwei Arme hast.»

Tja, vielleicht suche ich mal ein Spiel, auf dem steht:

«Entspannt die Mütter und hilft ihnen, sich ohne Gejammer auf eine Sache zu konzentrieren.» Der Karton müsste dann wohl leer sein, damit die Muddi mal ne Stunde gar nichts macht. Kann man aber nur spielen, wenn alle Kinder schlafen und der Mann geputzt und aufgeräumt hat. Aber selbst dann wäre ich wohl nicht dazu in der Lage ...

Hirnis, Kloppis und Behindis

Neulich in einer Schullesung mit einer dritten Klasse hatte ich ein interessantes Erlebnis im Zusammenhang mit dem Wort «behindert». Ein Junge meldete sich aufgeregt, zeigte auf einen anderen und rief laut: «Memet hat gesagt, deine Sohn is' behindert!» Ich war irritiert und antwortete: «Ja, das ist er doch auch.» Der Junge sprang empört auf und rief wild mit den Händen gestikulierend: «Wie kanns du das sagen über deine eigene Sohn?» Ich musste lachen, so skurril war das. Aber im Prinzip ist es natürlich traurig, dass einige Kinder das Wort «behindert» nur noch als Schimpfwort kennen.

Wenn ich mit einer Schulklasse mein Bilderbuch *Planet Willi* gelesen habe und danach in die Runde frage, ob mein Sohn wohl wirklich ein kleiner Außerirdischer ist, wissen viele Kinder schon genau, dass es sich bei Willi wohl um ein behindertes Kind handelt, aber oft traut sich kein Einziger, das auch laut zu sagen. Manchmal flüstert sogar ein Kind ganz leise: «Vielleicht ist er behindert?» Wenn ich die Kinder dann frage, warum sie sich denn nicht getraut haben, die Antwort zu sagen, bekomme ich immer dieselben Erwiderungen: «Man sagt das nicht» oder «Meine Mama hat gesagt, das ist kein schönes Wort.» Ein alternatives, «schönes» Wort kennen die Kinder allerdings nicht.

Es ist eben Fakt, dass selbst unter Erwachsenen (sogar unter Professionellen) der Ausdruck «behindert» nicht wertfrei zu sein scheint. Als in Willis Kindergarten einmal ein Ausflug geplant wurde, fragte ich die Kindergartenleiterin, wie viele behinderte Kinder mit dabei seien. Die Frau sagte empört, dass man das nicht so ausdrücken könne, denn alle Kinder hätten doch ihre Talente, blablabla. Mir muss man das wirklich nicht erzählen, ich habe doch meinen Willi, der mir das zeigt! Der politisch korrekte Redeschwall (in dem mehrfach die kryptische, aber dafür sehr schöne Bezeichnung «Kinder der Wiedereingliederungshilfe» vorkam) wurde irgendwann von der Mutter des anderen Kindes mit Down-Syndrom abgekürzt, indem sie zu mir sagte: «Es sind fünf.»

Menschen, die mit geistig Behinderten eng zusammenarbeiten, haben meines Wissens sonst einen unkonventionellen und meist eher entspannten Umgang mit der Bezeichnung ihrer «Klienten». Aber wahrscheinlich arbeitet man als Leiterin eines Kindergartens auch gar nicht so eng mit den «Kindern der Wiedereingliederungshilfe» zusammen. Mich hat es auf jeden Fall fast beleidigt, dieses Herumgeeiere um das Wort «behindert». Ist «Behindertsein» so schlimm, dass man das nicht aussprechen darf – oder was?

Einmal war ich zufällig Zeuge, wie ein flüchtiger Bekannter einen Anruf bekam. Danach wirkte er sehr niedergeschlagen. Auf Nachfrage erzählte er mir, er habe eben gehört, dass einer der (und hier stockte er kaum merklich beim Sprechen) Bewohner des Wohnheims, in dem er Zivildienst geleistet hatte, im Sterben lag. Offensichtlich hatte eine ganze Gruppe von Zivis über die Jahre den Kontakt zu den Bewohnern gehalten. Später fragte ich ihn, wie sie untereinander denn wirklich die Behinderten nennen würden, denn ich hatte gemerkt, dass er sich aus Rücksicht mir gegenüber beim Sprechen zusammengenommen hatte. Etwas verschämt gab er zu, dass sie zu ihnen immer «Kloppis» sagten.

Klar, darf man «Kloppi» nicht sagen, aber wer von Herzen liebevoll mit anderen Menschen umgeht, der kann doch am Ende fast alles sagen – oder? Es gibt ganz sicher eine ganze Reihe solcher internen Bezeichnungen, die eigentlich gar nicht gehen. Bei meinem Bruder sprachen sie beim Zivildienst liebevoll von ihren «Behindis». Auch «Schwebis» für Schwer-Mehrfachbehinderte habe ich gehört – klingt nett, finde ich.

Zugegeben, an der Bezeichnung «Downie» scheiden sich die Geister. Ich selbst benutze das Wort nicht und will es von einem Arzt oder Therapeuten auch nicht hören. Aber wenn die Person, die es sagt, tatsächlich mit Menschen mit Down-Syndrom tief verbunden ist, klingt es für mich nicht unangenehm. Einige Eltern bezeichnen ihre Kinder selbst als «Downie», andere finden den Ausdruck vollkommen unmöglich. In der Down-Syndrom-Mailingliste gibt es in regelmäßigen Abständen lange und unfruchtbare Diskussionen zu diesem Thema. Allergrößte Vorsicht gilt beim M-Wort! Wenn es auch Eltern gibt, die von ihrem «Mongo» reden, heißt das noch lange nicht, dass andere es in irgendeiner Form sagen dürfen. Das ist ein echter Insider! «Mongo» oder «Spasti» als Schimpfwort fand ich übrigens schon bescheuert, als ich noch kein behindertes Kind hatte. Und wenn jemand wirklich verunsichert ist, wie er meinen Sohn bezeichnen soll, kann er im Notfall mit einem einfachen «Willi» eigentlich nichts fasch machen.

Es ist der respektvolle Umgang mit Menschen, auf den

es für mich ankommt. Und da die meisten Betreuer, die das beherrschen, auch mit den Eltern respektvoll umgehen, wissen wir wohl auch gar nicht, was da in Willis Ferienfreizeiten alles so über die Bekloppten gesagt wird. Aber ich möchte betonen, dass solche Begriffe einzig und allein für den persönlichen Bereich und lediglich für diejenigen reserviert sind, die *wirklich* behinderten Menschen *sehr* nahestehen, und nicht für solche, die durch betont lässige Ausdrücke ihre wunder wie tolle Entspanntheit beim Thema Behinderung zur Schau stellen wollen!

Vielleicht spricht ja auch die Leiterin von Willis ehemaligem Kindergarten intern über ihre kleinen «Hirnis». Ich bezweifle das sehr, aber es würde sie mir deutlich sympathischer machen.

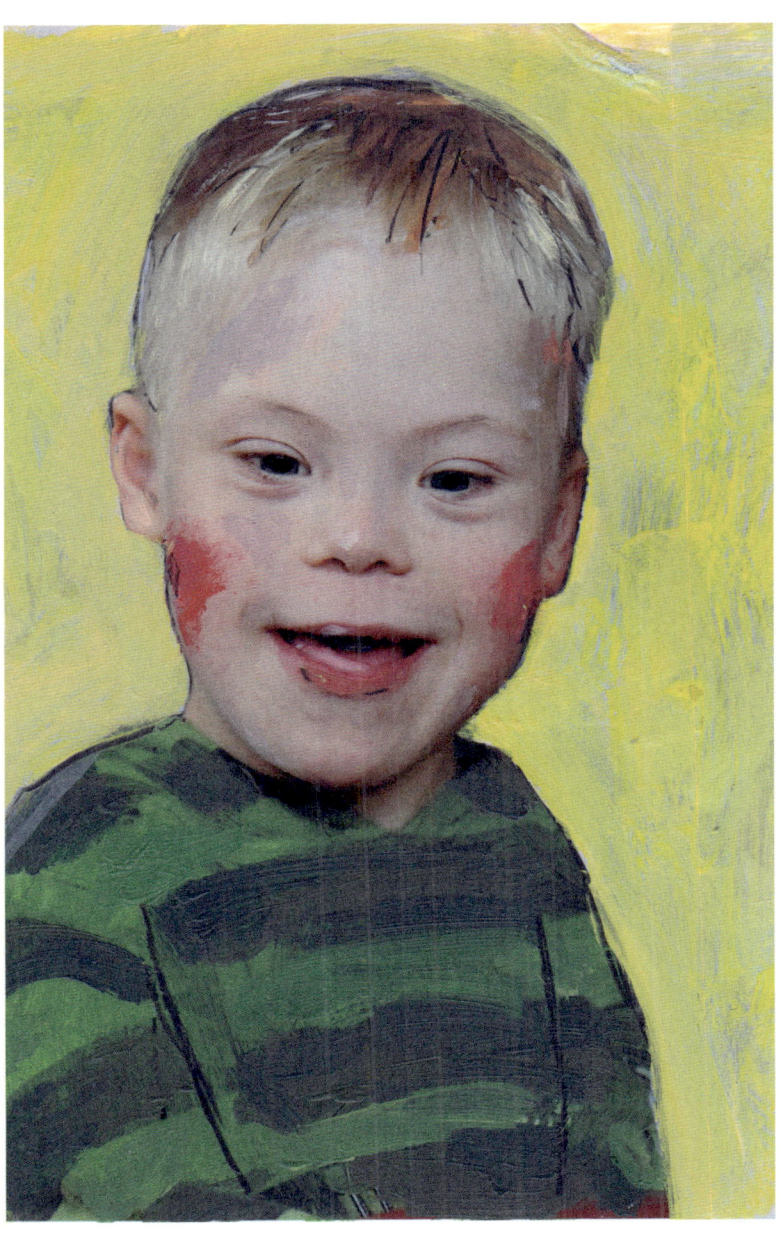

Von Leistungsdruck,
Witzen und Brot bitte

Mein Sohn wird niemals studieren, er wird kein Komponist werden, kein Arzt, Anwalt oder sonst etwas Tolles. Und wissen Sie was? Das macht mir gar nichts aus. Wenn ich sehe, wie Eltern ihren Neugeborenen T-Shirts mit der Aufschrift «Abi 2025» anziehen, dann tun sie (und ihre Kinder) mir irgendwie leid.

Mit was für einem Leistungsdruck starten diese Babys ins Leben! Wie viele Erwartungen können da enttäuscht werden! Vielleicht soll der Spruch aber auch ein Scherz sein?!

Ich gehe davon aus, dass ich (und mein behindertes Kind) solchen Eltern auch leid tue. Ein behindertes Kind ist ja praktisch die personifizierte enttäuschte Erwartung. Ich hätte Lust, Willi ein T-Shirt anzuziehen, auf dem «Förderschule 2025» steht. Das soll dann auch irgendwie ein Scherz sein, und den finde ich persönlich lustiger als den Abi-Witz.

Mich schmerzt es gar nicht, dass mein Sohn kein Abitur machen wird. (Und jetzt bitte keine Leserbriefe mit dem Hinweis auf den einen Mann mit Down-Syndrom, der in Spanien sogar einen Hochschulabschluss gemacht hat und zusätzlich ein begabter Schauspieler ist. An so einer herausragenden Einzelleistung will ich mein Kind nicht messen! Im Gegenteil: Willi lehrt uns doch gerade, Leistungsdruck zu überwinden!) Außerdem hat er ja noch weitere Behinderungen und ist deswegen mit einem «Durchschnittsmenschen mit Down-Syndrom» (wenn es so etwas überhaupt geben sollte) nicht vergleichbar. Jede Kleinigkeit, die er dazulernt, ist für uns ein Geschenk! Was mich aber wirklich in tiefstem Herzen schmerzt, ist die Tatsache, dass Willi nicht sprechen kann.

Zu meiner größten Freude ringt er sich mit Mühe seit Neuestem das Wort «Ma-Ma» ab. So viele Jahre habe ich darauf gewartet, nun kann er es (wenn auch sehr selten und sehr undeutlich) und er versteht auch langsam, dass man Mama sagen kann, damit Mama kommt. «Pa» für Papa und Opa hat er schon seit Längerem drauf, denn Papa ist der Größte!* Das sind tolle Fortschritte, aber wenn man bedenkt, dass Willis Wortschatz damit genau fünf Worte umfasst (zusätzlich gibt es noch «ja», «Aba» für Auto, «M» für Kuh und «Zast» für Schaf), kann man sich ausrechnen, dass er in dem Tempo bis zur Pubertät etwa zwölf «Wörter» wird sprechen können, von denen neun nur Olivia und wir Eltern verstehen.

Wie überproportional wichtig und dominant Sprache in unserer Gesellschaft ist, war mir früher nicht klar. Willi leidet nicht unter dem Down-Syndrom, aber er leidet massiv darunter, nicht sprechen zu können! Lautes Schreien ist seine einzige Möglichkeit, akustisch auf sich aufmerksam zu machen. Lautes Schreien wird aber von anderen Menschen selten als Kommunikationsversuch gewertet und kann eine Mama in den Wahnsinn treiben (ganz besonders ab dem ersten Hörsturz). Die Gebärdensprache, die wir mit Willi üben, wird aber nur von einer Handvoll Menschen mühsam verstanden. Mit am besten versteht

* Und Opa scheint für Willi so eine Art Superheld zu sein.

ihn Olivia. Sie furgiert oft als Übersetzerin. Allerdings fallen ihre Übersetzungen manchmal nicht ganz uneigennützig aus – und ziemlich oft behauptet sie bei Oma und Opa Dinge in der Art wie «Willi hat gesagt, er möchte ein Eis.» Dann in engelsgleichem Tonfall zu ihrem Bruder «Willi, willst du Eis?» Und Willi, der gelernt hat, dass man bei einem guten Angebot zugreifen muss, selbst wenn sein Gegenüber überhaupt noch nicht begriffen hat, worum es ihm ursprünglich ging, läuft dann mit einem erfreuten «Jajajajajaja» direkt zum Tiefkühlfach! Wer kann da noch Nein sagen? Großeltern bestimmt nicht!

Seit Neuestem hat Willi einen Sprachcomputer, einen sogenannten «Talker». Darauf kann er Tasten mit Symbolen drücken, die dann vom Gerät gesprochen werden. Natürlich kann Willi mit dem Talker nicht plötzlich abstrakte Unterhaltungen führen, aber er hat überraschend schnell verstanden, dass sich die Wahrscheinlichkeit, eine Brezel zu bekommen, extrem erhöht, wenn er «Ich möchte Brezel» drückt. Und auf jeden Fall bekommt er nun eine passende Antwort! Neulich hat Willi entdeckt, welche Kraft das Wort «Bitte» hat. Ich verkündete nach zwei Scheiben, er sei jetzt fertig mit dem Brotessen, und nachdem ein mehrmaliges «Brot»-Tippen nichts gebracht hatte und die blöde Mama selbst auf «Ich möchte Brot» nur erwiderte: «Nein, Willi du bist jetzt fertig», drückte mein toller Willi mit erwartungsvollem Gesicht auf einmal die Worte «Brot Bitte» Seitdem hat Willi herausbekommen, dass die blöde Mama einem «Bitte» von ihm nicht standhalten kann und immer bereit ist, noch 'ne Scheibe Brot, Wurst oder Käse zu spendieren ... Und wenn er eines Tages «Bitte, liebe Mama» drücken kann, werde ich ihm wahrscheinlich sogar ein Auto kaufen, falls sein Papa das noch nicht getan hat.

Durch den Talker erfahre ich viel über meinen Sohn – und nicht nur, dass er sehr gerne «Brezel» mag. Offensichtlich freut er sich auf seinen Geburtstag! Manchmal drückt er: «Ich möchte Geburtstag. Ich möchte Geschenk!» Wir wussten nicht einmal sicher, dass er weiß, was «Geburtstag» ist!

Neulich fiel mir auf, dass Willi auf der Seite mit Musik und Instrumenten immer wieder die Taste «Lied» drückte und sich dann zärtlich an meine Wange schmiegte. Da er sonst eher ein stürmischer Typ ist, war diese Berührung auffällig. Ich genoss den schönen Moment, aber ich verstand nicht, was das mit einem Lied zu tun hatte. Am nächsten Tag beobachtete ich, wie Willi erneut das Wort «Lied» drückte und dann seinem Papa auf den Schoß stieg und sein Gesicht zärtlich umfasste. Und dann begriff ich es: Willi hatte das Wort falsch verstanden! Er hörte «Lieb» und hatte uns zum ersten Mal *gesagt*, dass er uns lieb hat!!! Das war so schön! Wir wissen doch, dass unser Willi uns lieb hat, aber offensichtlich steckt in dem ausgesprochenen Wort doch noch mehr Kraft als «nur» im Zeigen der Liebe. Eigentlich ist das ein bisschen traurig ...

Ich durfte dank des Talkers aber auch erfahren, dass Willi ein kleiner Witzbold ist! Als wir den Sprachcomputer erst ein paar Tage hatten, fragte ich Willi bei Tisch (wie üblich keine Antwort erwartend): «Na, Willi, ist das Brot lecker?» – und plötzlich drückte er das Wort «eklig» und grinste mich an. Ich sagte «nein, das Brot ist lecker» und drückte «lecker», worauf Willi erneut «eklig» drückte und mir begeistert ins Gesicht lachte! Dann erst verstand ich:

Er hatte einen Witz gemacht!!! Den Witz hat er seitdem gefühlte hunderttausend Mal gemacht und es amüsiert ihn immer noch köstlich. Ich finde das auch absolut angemessen, wenn man bedenkt, dass Willi die sechs Jahre vorher gar keinen Quatsch reden konnte! Und ich muss jedes Mal mitlachen, so schön ist es, plötzlich einen kleinen Scherzkeks am Tisch zu haben. Willis Witz ist außerdem lustiger als «Sonderschule 2025» ...

Wo ist eigentlich mein Mann?

Über einen Zeitraum von zwei Jahren habe ich in meiner Kolumne von unserem nicht mehr ganz normalen Alltagswahnsinn erzählt. Eine Leserbriefschreiberin schlug einmal verärgert vor, die Kolumne in «Birtes Welt» umzubenennen, da ich zu viel über mich selbst schriebe, darüber würde sie sich jedes Mal ärgern. Mein Mann ärgerte sich nur, wenn ich zu viel auf ihm herumhackte in der Kolumne. Meine Schwiegermutter dagegen befand, dass ihr Sohn viel zu wenig vorkomme. Man würde sich immer fragen (und auch ihre Nachbarin habe das schon gesagt): «Wo bleibt eigentlich dein Mann?» Und ganz ehrlich: Genau das frage ich mich auch oft (besonders, wenn gerade beide Kinder im Winter zum Rausgehen mit Schneeanzügen, Mützen, Handschuhen und Schals ausgestattet werden müssen oder abends beide mit geputzten Zähnen ins Bett gebracht werden sollen). Die Antwort kenne ich aber schon und sie ist auch längst ein Running Gag bei uns: Er ist mal kurz E-Mails abrufen gegangen. Manchmal finde ich ihn aber auch auf der Toilette, wo er ins Leere starrt – sein letzter Zufluchtsort (außer natürlich, ich rüttle an der Tür).

Mein Mann hat sich aber auch in den letzten zwei Jahren die Fähigkeit zu so einer Art Tarnstarre auf dem Sofa angeeignet. Die Kunst ist dabei, einerseits anwesend zu sein (also dass ich ihm nicht vorwerfen kann, er hätte mal wieder den ganzen Nachmittag vor dem Computer verdödelt, während ich alles allein machen musste), anderseits aber von niemandem wahrgenommen zu werden und dabei in seinem iPhone zu schauen, welches neue Auto er sich bald mal kaufen könnte.*

An dieser Stelle möchte ich nun aber doch noch etwas mehr über meinen tollen Mann erzählen. Er hat nämlich viele positive Eigenschaften. Eine seiner Lieblingsbeschäftigungen ist Stromsparen. Wirklich! Das macht ihn rundum glücklich. Er ist dann so stolz, dass er es sich nicht verkneifen kann, mir seine neuste Sparidee zu verkünden, obwohl er weiß, dass ich mich über ihn lustig machen werde und es jederzeit in meinen Texten verwursten könnte.

Hier ein paar originelle Stromsparvorschläge meines Mannes:

1. Im Winter warmes Wasser nach dem Baden unbedingt in der Wanne lassen, um damit noch den Raum zu heizen.
2. Große Getränkeflaschen bei Frost auf der Terrasse einfrieren, um sie danach in den Kühlschrank zu stellen, der dann weniger kühlen muss.
3. Den Backofen nach dem Backen immer öffnen, damit der Ventilator darin früher ausgeht und so weniger Strom verbraucht!

Toll, oder?

Zum Glück ist Energiegeiz politisch hoch korrekt, deswegen darf ich das auch hier verraten. Dass mein Mann das überschüssige Hagelsalz der Aufback-Laugenbrezel aufbewahrt, um damit im Winter vielleicht mal unsere Auffahrt zu streuen, verrate ich lieber nicht.

* «Aba aba!»

Für meinen Mann stellt Willi in dieser (und mancherlei anderer) Hinsicht eine echte Herausforderung dar: Er muss beim Baden immer das Wasser laufen lassen, er kann an keinem Lichtschalter und keiner Klospülung vorbeigehen, ohne mindestens fünfmal zu drücken, zusätzlich hat er am liebsten drei blinkende und dudelnde Geräte parallel am Laufen. Das Einzige, wo Willi wirklich Energie spart, ist seine Körperhaltung! Wann immer es geht (oder auch nicht geht), setzt er sich auf den Boden, egal ob unter ihm Pfützen, Matsch oder Kuhfladen sind. Der Kopf ist entweder in den Nacken gehängt oder auf der eigenen Schulter abgelegt. Natürlich macht Willi sich auch nicht die Mühe, extra den Mund zu schließen.

Mir persönlich liegt das Nervensparen deutlich näher als das Energiesparen. Ich will echt nicht auch noch daran denken müssen, eingefrorene Flaschen hin und her zu stellen, und die Klappe vom heißen Backofen bleibt bei mir ganz sicher verriegelt! Auch das Badewannenwasser lasse ich keine Sekunde länger drin als Willi selbst, denn es gibt für ihn kaum etwas Schöneres, als Dinge ins Wasser zu werfen (ist ja auch zu interessant: Kleidung, Stofftiere und 120 Tampons schwimmen oben, Handys, Fisher-Price, MP3-Player und kleine Schwestern nicht). Von dem Plan, mit den Unmengen Badewasser von Willi noch den Garten zu gießen oder die Toilette mit Hilfe eines Eimers zu spülen, hat zum Glück selbst mein Mann wieder Abstand genommen, die Gefahren von offenen Gewässern bei uns im Haus sind einfach zu groß.

Ich könnte natürlich noch viel Gutes über meinen Mann erzählen. Zum Beispiel, dass er für Willi der allertollste und wichtigste Mensch der Welt ist – und das nicht nur, weil er Auto fährt und Gitarre spielt. Auch für unsere Tochter ist er das, was ein Papa sein muss: der Lustigste, der Stärkste, der alles heil machen kann (maximal zu übertreffen vom legendären Opa Horst).

Ich liebe meinen Mann, auch wenn er als Sidekick für mein Leben herhält. Wenn es ihn nicht gäbe, dann wüsste ich nicht einmal, was ein «Sidekick» ist! Matthias sorgt dafür, dass ich überhaupt noch annähernd mitbekomme, was in der Welt passiert.

Er sorgt dafür, dass ich abends vor dem Schlafen noch mal eine kleine Pause mache und sogar etwas zu essen bekomme, wenn auch nur eine Tiefkühlpizza.

Er sorgt auch für geputzte Fenster, Böden und Bäder!

Zugegeben – er sorgt leider auch alle zwei Jahre für ein neues Auto, aber das ist ein anderes Thema ...

Er geht einkaufen, bringt den Müll raus, macht den Garten und hält im Expertenteam mit unseren großartigen Eltern die Stellung zu Hause, wenn ich mal wieder auf Lesereise bin.

Trotzdem bin ich nicht seine «Prinzessin» und das ist wahrscheinlich ganz gut für mich. Der Rang wäre mir jetzt von Olivia ohnehin abgelaufen worden.

Ich hätte ohne Matthias wohl auch seit sechs Jahren (außer Kinder-CDs) keine neue Musik mehr gehört und nur noch blöde Filme im Fernsehen geschaut.

Und ich hätte, trotz Willi im Haus, definitiv nicht halb so viel zu lachen, wenn es Matthias nicht gäbe! Das ist gerade das Wunderbare an ihm: Er ist immer für einen ordentlichen Lacher zu haben, auch wenn er auf seine Kosten geht (ganz anders als ich). Würden wir nicht so viel gemeinsam lachen, wir wären bestimmt schon krank oder geschieden oder beides.

Wir können sogar zusammen weinen und haben das viel getan in den Jahren seit Willis Geburt.

Und seitdem leben wir, gemeinsam mit Olivia, in Willis Welt – und dafür bin ich so dankbar!

Neulich wurde ich gefragt: «Stimmt das wirklich alles, was du in deiner Kolumne geschrieben hast?»

Und natürlich stimmt das nicht alles! Ich könnte es den Lesern gar nicht zumuten, die volle Wahrheit zu schreiben ...

Aber manches ist auch etwas übertrieben, sonst wäre es nicht lustig, oder vielmehr sind viele Dinge mit Willi nur phasenweise so krass, obwohl man natürlich fragen muss, wie viele Jahre etwas dauern darf, damit man es noch Phase nennen kann, und ab wann man Zustand sagen muss.

Über die kleinkindliche «Wegwerfphase» ist Willi auf jeden Fall hinaus, das ist nun eindeutig ein «Wegwerfzustand»![*] Aber den piepsenden Minilaptop müssen wir ihm zum Glück schon lange nicht mehr ins Bett legen und auch Willis Püppi hat nicht mehr dieselben Klamotten an. (Seit die Puppensachen mal ein paar Tage in der Wäsche verschwunden waren, durften wir sie ihr nicht wieder anziehen. Seitdem sieht das Szenario, wie Willi auf der großen, nackten Puppe beim Fernsehen und Musikhören herumlümmelt, noch skurriler aus.)

---

[*] Heute weiß ich übrigens, dass es sogar noch mehr wehtut, von einem Schleich-Tier aus Plastik am Kopf getroffen zu werden als von einer Ostheimer-Holzkuh!

Im Prinzip wird mit Willi langsam, aber sicher alles etwas einfacher: Er kann sich viel besser konzentrieren, er hilft sogar beim Anziehen und macht manchmal ins Klo! Er muss auch nicht mehr immer und überall angeschnallt sein. Leider lernt er auch Dinge wie Türschlüssel umzudrehen oder einen Stuhl als Kletterhilfe heranzuholen, um an die DVDs zu gelangen ... Trotzdem, es ist ein großes Glück zu sehen, dass er sich entwickelt, und im Verhältnis zu früher jammere ich mittlerweile auf sehr hohem Niveau. Und ich weiß, was das für ein Glück ist!

Jeden Monat *Willis Welt* zu schreiben hat mir viel Spaß gemacht, auch wenn es manchmal anstrengend war, denn in gewisser Weise war es auch eine Selbsttherapie. Umso unglaublicher, dass ich damit auch noch Geld verdient habe! Und nein, ich habe gar nicht viele blöde Leserbriefe bekommen, aber sehr viele sehr nette und sehr persönliche, von denen ich schändlicherweise nicht alle beantwortet habe, aber von denen mich jeder sehr gefreut hat. Vielen Dank!

149 Seiten, mit sw Illustrationen
von Birte Müller, gebunden
ISBN 978-3-7725-2146-1

In einfühlsamen Worten und liebevollen Bildern setzt
Brigitte Werner die hellen und düsteren Situationen ihrer
Geschichte über einen Jungen mit Down-Syndrom gegen-
einander, man taucht in die Geschehnisse ein, sie machen
froh oder schmecken bitter wie eine schwerverträgliche
Medizin ... Ein gewinnendes Buch, dessen charakteris-
tische Zeichnungen von Birte Müller die Sprachbilder der
Autorin einfühlsam, ohne Zuckerguss, ergänzen.

Birgit Weidinger, Süddeutsche Zeitung

Verlag Freies Geistesleben

Dolf Verroen

JOSEFiNCHEN
MONGOLiNCHEN

Freies Geistesleben

III Seiten, mit sw Illustrationen
von Birte Müller, gebunden
ISBN 978-3-7725-2043-3

Dolf Verroens einfühlsam erzählte Geschichte von Josefintje ist ein Plädoyer für das Miteinander von Menschen unterschiedlicher Fähigkeiten, für Toleranz und Warmherzigkeit. Das Buch gibt die Möglichkeit, über das Anderssein von Behinderten zu reden, und eröffnet dabei den Blick auf ein Zusammenleben, das nicht nach «Leistung» fragt, sondern nach Menschlichkeit.

Regina Riepe, Süddeutsche Zeitung

Verlag Freies Geistesleben